매일 행복했다면 거짓말이지

매 일 행복했다면 거짓말이지

매일 행복했다면 거짓말이지

-MZ 아빠의 '행복51+고통49' 그림육아일기

매일 행복했다면 거짓말이지

–MZ 아빠의 '행복51+고통49' 그림육아일기

권기범 지음

content

인사말   008

1부
100일만 지나면 될 줄 알았지

[D+14] 눈 초점 맞추기 연습 중   014

[D+18] 조리원 퇴소하는 날 아침 풍경   016

[D+19] 심야 풍경   019

[D+22] 거실 풍경   022

[D+26] 응? 부모님 상태가…!   028

[D+30] 1개월 아기, 쪽쪽이를 물다   032

[D+35] 목욕은 어려워   037

[D+42] 고개를 들라   041

[번외편] 우리 집 아기용 트롤리   045

[D+46] 파란 원피스가 어울려   **048**

[D+50] 스튜디오 기념촬영 풍경   **053**

[D+58] 손발의 발견   **057**

[D+64] 침 코 눈물   **061**

[D+71] 홀아비란 이런 느낌?   **065**

[D+74] 타이밍의 예술(?)   **070**

[D+78] 아빠 단독 10시간 육아 후기   **073**

[D+83] 어디서 고개를 빳빳이 들어?   **077**

[아빠 매뉴얼 #1] 아빠도 아기를 잘 돌보고 싶습니다만   **080**

2부
하루가 너무 긴데 너무 짧다

[D+92] 사진을 올려도 믿지 않을 걸　　　　　　　　**090**

[D+95] 하루하루가 달라 기특한 너　　　　　　　　**094**

[D+103] 똑바로 앉고 싶어요　　　　　　　　　　　**097**

[D+108] 통잠이란 무엇인가　　　　　　　　　　　　**100**

[D+124] 세상 어려운 일　　　　　　　　　　　　　**109**

[D+128] 아기와 함께 첫 카페 나들이　　　　　　　**113**

[D+137] 아가야, 자는 게 무섭니?　　　　　　　　　**117**

[D+144] 뒤집기, 눕기는 거부한다!　　　　　　　　**121**

[D+163] 어? 하는 사이에 휘리릭!　　　　　　　　**124**

[D+165] 이런 변화는 처음이얏　　　　　　　　　　**127**

[D+169] 옴뇸뇸뇸뇸, 으에에에엙　　　　　　　　　**131**

[D+185] 앗 배밀이를 시작했다! 근데 뒤로 가네?　　**135**

[아빠 매뉴얼 #2] 오늘도 육아 때문에 다투셨다고요?　　**139**

3부
견디기 쉽지 않을 걸, 아기 말고 너

[D+190] 0.5세, 발을 먹어도 칭찬해	**146**
[D+198] '장거리 여행'이라 쓰고 '지속훈련'이라 읽는다	**151**
[D+215] 우리가 크리스마스를 '거른' 이유	**157**
[D+216] '인지'의 세계에 온 걸 환영하오, 낯선 이여	**163**
[D+222] 내가 연기파 배우다, 과즙망과 함께라면	**168**
[D+228] 7개월 아기, 밤잠이란 무엇인가	**173**
[D+249] 흔들흔들, 꿀렁꿀렁	**178**
[D+262] 요동치는 아빠의 마음	**182**
[D+274] 혼자 서는 것도 무서운 쫄보	**186**
[D+291] 응, 응? 응!	**190**
[D+316] 윙크 한 번에 녹아내리네	**194**
[D+321] 엄마의 핑거푸드 고군분투기	**198**
[D+327] 매일의 육아가 고통인 당신께	**203**
[아빠 매뉴얼 #3] 엄마의 하루를 느껴보자	**208**
[D+890] 미래의 딸에게 보내는 편지	**216**

인사말

　오후 6시, 전전긍긍하며 칼퇴근. 오후 7시 집에 도착. 쌓여 있는 젖병과 설거짓거리, 널브러진 손수건과 기저귀로 가득 찬 휴지통. 그리고 하루 종일 아이를 보느라 지치고 지쳐 날카로워진 아내.

　2020년 3월 어느 날의 풍경입니다. 아이가 태어난 지 10개월, 웃음꽃이 가득해야 할 집에는 가끔 팽팽한 긴장감이 맴돌았습니다. 하루 종일 아이를 돌본 엄마는 엄마대로, 일을 하고 돌아와 쉬고 싶지만 '제2의 출근'이 시작된 아빠는 아빠대로 힘이 듭니다.

　아빠는 본격적으로 집안일을 시작합니다. 일단 아내에게 저녁밥을 차려줍니다. 아니, 사실은 배달 음식을 시켜먹는 날이 더 많았죠. 그나마 유행하는 배달, 새벽 배송 시스템 덕을 많이 봤습니다. 아차… 배달음식에는 수많은 재활용품이 따라온다는 걸 깜빡했습니다. 플라스틱과 비닐을 골라내 담아 놓습니다.

　싱크대에는 온종일 아이가 먹은 젖병과 엄마의 식사 흔적인 설거지가 쌓였습니다. 속으로 '지가 먹은 건 지가 좀 치우지' 하고 생각하지만 가정의 평화를 위해 묵묵히 설거지를 합니다. 설거지를 끝내자 '5중 밀폐 기저귀 쓰레기통'에 쌓인 쓰레기가 눈에 들어오네요. 종량제 봉투에 담아 버리고 옵니다. 수거함에 다녀오는 그 몇 분이 마치 외출 시간처럼 느껴집니다.

돌아와 빨래를 돌리고, 간단히 청소를 하니 그제서야 아내의 표정이 눈에 들어옵니다. "오늘 밤에도 아이가 새벽에 깨서 울고 불고 난리를 칠 텐데, 나는 영 자신이 없다"고, 눈으로 말하고 있습니다. 저도 자신이 없습니다. 아내의 스트레스를 온전히 공감하며 받아줄 자신이요.

지금은 추억처럼 되새기지만, MZ 부부의 육아에 가장 위험한 시기는 바로 첫 돌을 한두 달 앞뒀을 때인 것 같습니다. '100일의 기적'이라는 거짓말에 한 번 속고, '냅두면 알아서 큰다'는 말에 또 한번 속으며 여기까지 왔는데, 왜 이리 힘이 든 걸까. 그러고 보니 친구들도 동료들도 이때쯤 한번은 크게 싸운다고 합니다. 체력은 체력대로, 정신력은 정신력대로 지친 부부들의 흔한 풍경입니다. 강조합니다. 흔한 풍경입니다.

육아는 성스러운 것도 아니고, 마냥 행복한 것도 아니었습니다. 굳이 표현하자면 행복 51, 고통 49입니다. 아기는 너무나 예쁘고 사랑스럽지만, 그로 인해 포기해야 하는 것도 만만치 않습니다. 특히 커리어가 한창인 30대 직장인 부부에게는 더욱 그렇습니다. '아기야 너 때문에 매일 행복해'라는 표현은 – 물론 정말 그렇게 생각하시는 분들도 계시겠지만 – 인스타그램, 페이스북에 올리는 '오늘도 힐링~'과 다르지 않다는 게 제 생각입니다. 못됐다고 해도 어쩔 수 없죠.

　2019년 5월 25일 세상에 하나밖에 없는 소중한 딸이 태어났습니다. 세상에 하나밖에 없는 소중한 나와, 세상에 둘도 없는 소중한 제 아내 사이에서 말이죠.

　MZ세대 부부는 이전 세대의 부모와는 달라 보입니다. 아기도 중요하지만 '나 자신'도 중요하죠. 아이를 위해 모든 것을 희생하는 숭고한 자세를 가진 이들의 비율은 아마 우리 부모 세대보다 현저히 낮아졌을 겁니다.

　그래서 역설적으로, 더 현명한 방법으로 아기를 키워야 합니다. 사랑과 보살핌을 듬뿍 주되, 지식과 효율성도 무시해서는 안 된다는 말입니다. 누구보다 효율적으로 삶과 육아 사이의 균형을 유지하고 싶은 MZ세대의 아빠들을 위한 육아 예습 콘텐츠가 될 수 있을 것이라 기대하며 1년간의 육아 일기를 정리했습니다. 각 과정에 대한 전문 정보보다는 부모들의 의식의 흐름에 맞춰보려 노력했습니다.(태어난 뒤 2주간은 글이 없는 이유도 그것입니다. 아이 보느라 정신이 없는데 무슨 책을 보겠습니까?)

두서도 없고 흐름도 안 맞는 글이 많습니다. 그래도 그때의 감정을 남기고 싶어 그대로 둡니다. 혹시라도 제 딸이 엄마 아빠의 처지를 이해할 즈음에 이 책을 다시 들춘다면, 그리고 우리의 마음에 조금이라도 공감해준다면 더할 나위 없이 행복할 것 같습니다. 물론 그 전에 저와 같은 30대 아빠들이 많이 보면 더욱 좋겠지만요. 당신이 밤 11시에 식탁에 앉아 맥주나 와인을 들이키며 이 책을 펼치고 있다면, 잠시 아기와 아내가 잠든 방의 문을 바라보며 '우리 존재 파이팅!'을 외쳐주십시오.

꼬물대던 아기는 벌써 30개월이 됐습니다. 물론 요즘은 "아빠, 저리가"를 외쳐서 마상을 입히지만(심지어 밀치기도 합니다), 이미 저 아이가 없는 우리 부부의 삶은 생각할 수가 없게 됐습니다. 마흔이 넘은 자식에게도 "차 조심하라"고 걱정하는 부모의 마음이 이제는 조금씩 이해됩니다.

여기까지 오기 위해 누구보다 고생한 아이 엄마에게 이 책을 바칩니다. 완벽하지는 않을지라도 우리는 누구보다 행복할 거야.

당신들도 행복해질 거예요.

― 2021년 11월, 권기범 드림

PART
01

100일만 지나면
될 줄 알았지

D+ 14 눈 초점 맞추기 연습 중

시각을 처음 느끼는 순간들

2019. 6. 7. D+14

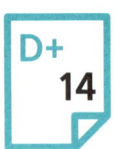

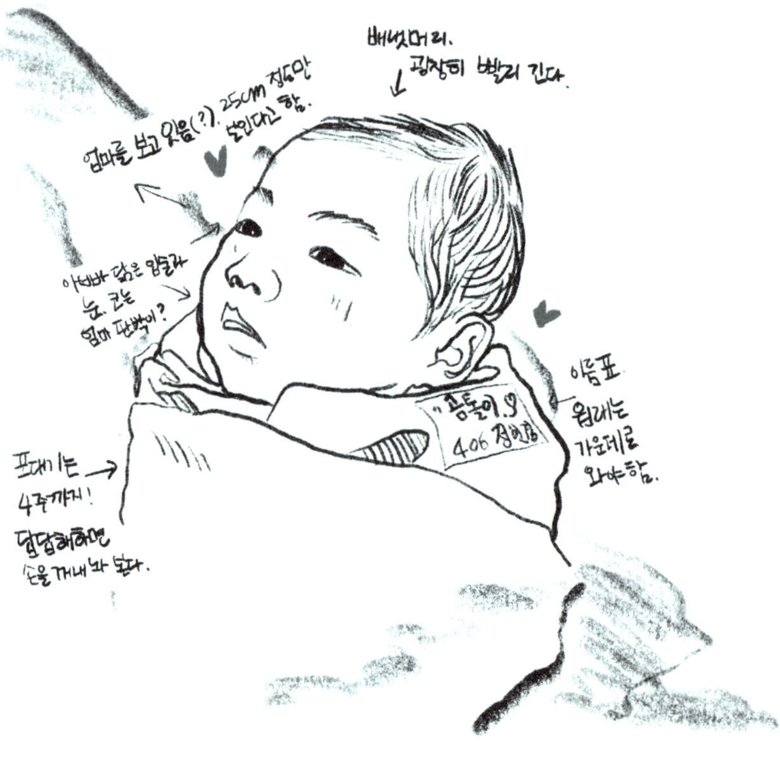

아기는 엄마에게 안겨 눈 맞추기 연습 중이었다. 그렇게 생각한다. 부모는 아기와 눈이 마주쳤다고 신이 난다. 그러나 신생아는 앞이 거의 보이지 않는다. 흑백에 빨간색 정도만 구분 가능해 25~30cm 거리까지 다가가야 희뿌옇게 보이는 수준이라고 한다.

미국 검안협회(AOA)에 따르면 아기는 생후 4개월까지는 대비가 높은 대상을 주의 깊게 볼 수 있는 수준의 시력을 갖춘다. 아기가 사물이나 부모에게 시선을 집중하는 데는 8주 정도가 걸린다. 누구나 아기의 두 눈이 제멋대로 움직이는 것을 보고 깜짝 놀랄 수도 있다. 그러나 너무나 정상이니 걱정하지 않아도 된다. 2개월 정도까지는 문제가 없다. 그러나 이후에도 좌우 눈이 계속 제멋대로 돌아간다면 주의 깊게 살펴보는 게 좋다고 한다.

생각해보면 신생아는 태어나서 '시각'이라는 감각을 처음 갖게 된다. 세상에 처음 태어나 중력조차 신기할 아기 처지에서 '뭔가가 보인다'는 것 자체가 엄청난 경험일 것이다. 시각이 생소한 아기는 엄마는 물론 눈에 보이는 모든 것의 실재와 추상을 구분하지 못한다고 한다. 자아도 없는 아기인데 오죽할까 싶다.

아기가 당신을 보더니 꺄르르 웃었는가? 착각이다. 이맘때 아기에게는 사회적 웃음이 없다. 그러나 이런 냉정한 사실은 잊고 그냥 행복을 만끽하는 편이 좋다. 아기와 눈을 맞추는 부모는 무조건 웃어주는 게 제일이다.

조리원 퇴소하는 날
아침 풍경
사실 매일 아침과 다를 바는 없었지만…

2주간의 산후조리원 생활은 길고도 짧다. 하루 한 시간 두세 번 아이를 돌보는 것이지만 초보 엄빠의 긴장감은 극에 달한다. 혹시나 아기가 변을 보진 않을까, 울면 달랠 수 있을까, 전전긍긍하기 마련이다. 연식이 된(?) 부모들은 "그때가 가장 행복할 때"라고 하지만 이때의 부모들에게 그 말이 먹힐 리가 없다.

산후조리원은 말 그대로 엄마의 산후조리가 주 목적이긴 하지만, 추가로 육아 기초 군사훈련(?)을 겸한다. 아기는 어떻게 안고, 어떻게 다뤄야 하고, 속싸개는 어떻게 해야 하는지… 기저귀는 어떻게 갈아주며 목욕은 어떻게 시켜야 하는지… 교육의 연속이다. 그렇기 때문

2019.6.11. D+18

에 조리원은 여러 조건을 따져봐야 하지만, 교육훈련 수준도 살펴봐야 한다고 생각한다. 물론 가장 중요한 것은 엄마를 위한 스파, 마사지, 식단 등이 잘 짜였는지를 확인하는 거다. 몸이 아프면 짜증이 난다. 엄마가 짜증나면 누가 손해다? 아빠가 손해다.

산후조리원 중에는 모유 수유를 권하는 곳이 많다. 개인의 선택이지만, 그것을 떠나 엄마가 수유하는 동안 아빠는 사실 '멍 때릴 때'가 많다. 그렇다고 해서 '아, 아빠는 육아에서 차지하는 지분이 원래 적은 것이구나' 하고 생각해버리면 오산이다.

남편의 역할은 아내가 고생하는 만큼 다른 영역에서 최선을 다해 아내의 수고를 덜어주는 것 아닐까? 엄마는 몸이 아직 불편하다. 불편하면 짜증이 난다. 짜증이 나면 누가 손해다? 아빠가 손해다.

아빠도 물론 집안일만 하기보다는 아이와 정을 나눌 수 있는 기회를 많이 만들어야 한다. 같이 고생하는데 아이와 엄마만 교감한다고 하면 억울하지 않을까? 모유와 분유를 섞는 혼합수유도 하나의 선택이 될 수 있다.

심야 풍경
우리가 아기를 재운 것인가, 아기가 우리를 재워준 것인가?

    디데이 달력이 아이를 위한 것이 아님을 깨달았다. 사실 알고 보면 저 달력을 보며 부모가 '백일의 기적이여, 어서 오라'고 매일처럼 기도했던 것이다. 남자 기준에서는 일종의 전역 달력 같은 것 아닐까?

    그림도 사실은 자정이 지나 D+20이었던 것이 맞지만, 그런 것에 신경 쓸 새가 없었다. 어제는 한번 잠들면 두 시간 세 시간을 자던 아기가 몇 시간째 자지도 않고 배고프다고 칭얼대기만 하니 엄마도 아빠도 어쩔 도리가 없었다. 이쯤 되면 우리가 아기를 재우는 건지, 아기가 우리를 재우는 건지 알 수 없는 지경이다.

    아이가 말이나 자기 표현을 하지 못하는 시절, 부모의 가장 큰 고

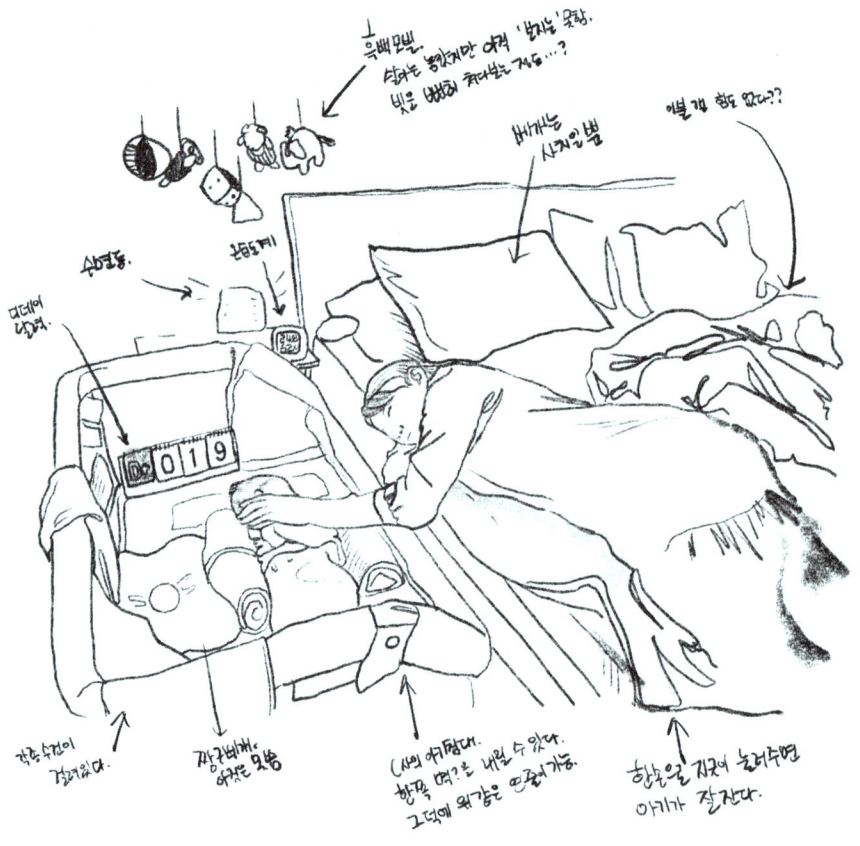

1부 100일만 지나면 될 줄 알았지

통은 '도대체 왜 우는지 모르겠다'는 것이다. 온라인에는 '배앓이'부터 '영아산통' '성장통' 등 온갖 추측이 제기되지만, 알 길이 없다. 당연하다. 아기의 고통을 측정할 방법이 없다. 그냥 '아, 어딘가 아프구나' 정도로 미뤄 짐작하고, 참는 수밖에 없다. 참아야 한다.

아기는 수시로 용을 쓰고, 자기 발길질에 놀라 자기가 깨기 일쑤다. 발을 살짝 눌러주거나 가슴을 살포시 감싸주면 그래도 잘 잔다. 엄마의 저 수면 자세는 당분간 유지될 것이다.

그런데 가만히 생각해보면, 아직 미숙한 신체-얘 지금 본인 손발도 잘 못 움직인다. 눈도 못 굴리는데 무슨-를 가진 신생아가 자기 몸을 이리저리 움직여 가는 모습은 마치 머신러닝을 통해 성장하는 인공지능(AI)과도 닮았다는 무지막지한 생각도 든다.

그래도 한 번씩 보이는 배냇웃음(사회적 웃음이 아니다)과 초롱초롱한 눈빛에 위안을 얻는 심야의 육아. 행복을 만끽하자. 아니, 행복하다고 생각하자.

 # 거실 풍경
"남성도 용감하게 육아휴직" 발언에 대한 생각

모든 것은 아기를 위해 재편되었다. 거실의 가구 배치 하나까지도….

결혼하기 전 혼수를 마련할 때 주변에서 흔히 하던 말 중 하나가 "거실에 놓을 거 비싼 거 사지 마"였다. 어차피 아기가 태어나면 죄다 구석 or 창고행일 것이라는 이유에서다. 그 말에 왠지 반감이 들어 가급적 물건을 치우지 않으려 해 봤는데, 웬걸 아기가 집으로 온 지 보름도 안 돼 소파는 수유공간으로 재탄생했다. 거실 테이블은 구석으로 옮겨진 지 오래다(이 테이블은 아직도 안방 침대 옆에서 잠자고 있다).

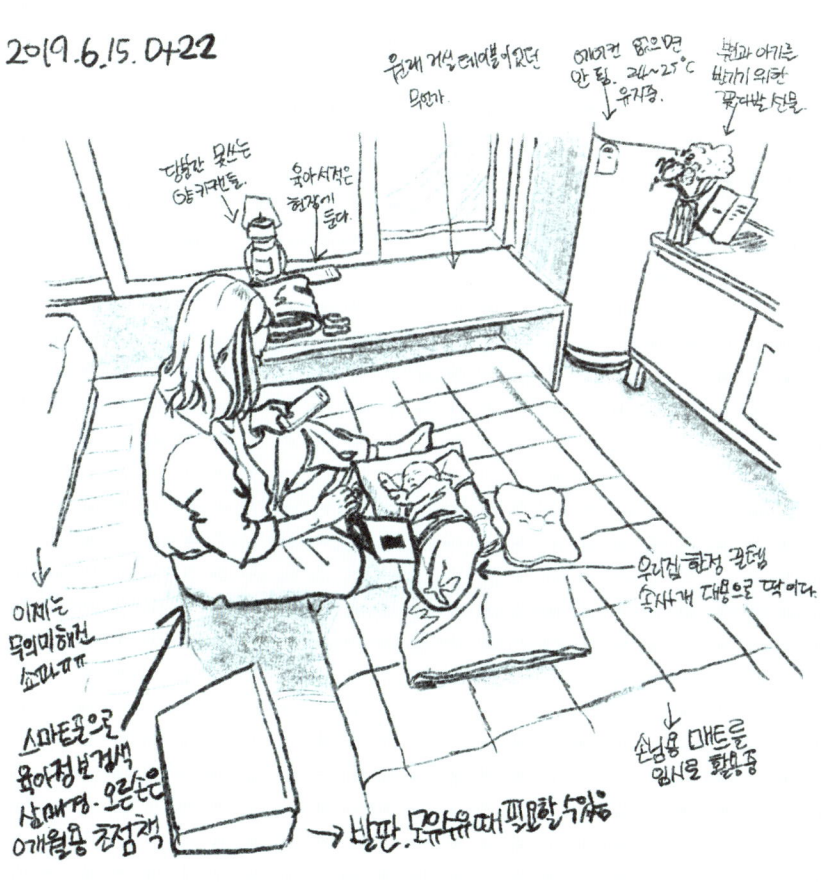

아기가 자는 공간과 노는 공간을 분리하면 나중에 습관 들이기에도 도움이 될 것 같아 그리 해보려 한다. 우리집 거실에는 무드등이 많아 아기가 나오면 눈이 동그래지며 신기한 표정을 짓곤 해서 놀이터로 안성맞춤이라고 생각됐다.

0개월 신생아는 빛을 볼 수 있는 정도의 시력이기 때문에 아무래도 조명이 많은 거실이 별천지인 듯했다. 초점책도 좋아한다(고 일방적으로 미루어 짐작한다). 오래 보다 보면 아무래도 눈이 피곤한 모양. 대비가 확실한 것을 좋아하다 보니 빛과 어둠이 교차하는 가로 줄무늬 블라인드도 주요 탐구 대상 중 하나다.

거실이 육아 공간이 될 수밖에 없는 이유 중 하나는 아무래도 목욕의 영향이 크다. 화장실은 위험(미끄러진다든가 춥다든가)할 수 있으니 거실에서 목욕시키는 것을 추천한다. 결정적으로 부모도 TV는 보면서 아기를 키워야 스트레스 덜 받으니까. 아직 수면 부족 외에는 힘든 것이 없겠지만, 이 시기에 멘탈 잘 챙겨야 앞으로 고생 안 한다.

'나는 아닌데, 이 정도면 할 만한데'라고 생각하는 당신은 아마도 9개월 뒤 이 페이지를 펼쳐보며 '작가님 큰 뜻을 몰랐습니다'라고 생각할 것이 분명하다.

2019년 6월 스웨덴을 국빈 방문한 김정숙 여사가 이른바 '라떼파파'들과 만나 "육아를 흔히 전쟁이라고 하지만, 오늘 함께 한 라떼파파들은 그 전쟁이 얼마나 큰 보람인지 잘 아는 것 같다"며 "아빠는 육아에서 엑스트라가 아닌 공동 주연인 것을 알게 됐다"고 말했다는 것을 보았다.

'남성 육아휴직 권장'을 위한 무난한 발언인데, 여기서 "한국 아빠들도 용감하게 육아휴직 썼으면 좋겠다"는 발언이 괜히 30대 남성들의 심금(?)을 울리는 바람에 논란에 휩싸였다. 30대 아빠들의 항변은 '누가 육아휴직을 쓰기 싫어 안 쓰냐'는 것.

정색하고 말하자면 "용감하게 남성도 육아휴직 쓰라"는 발언은 공부하려는 자녀에게 부모가 "공부 안하냐"고 외치는 것처럼 들릴 수 있다. 특히 육아에 적극적으로 참여하고, 부모로서 절반의 역할을 충실히 하려는 MZ 아빠들에게는 더욱 그렇다.

2021년 대한민국에서 아빠들은 임신-출산-육아에서 소외감을 느낄 일이 잦다. 약간 미묘한 지점인데, '육아는 엄마의 몫'이라는 구시대적인 사고가 남아 '육아는 부부의 몫'이라는 부부의 인식과 아빠의 노력 의지를 오히려 방해하는 것이다.

예를 들면 산부인과병원을 비롯해 모유수유실 대부분은 엄마들만 들어가는 구조(큰 방이 하나)로 돼 있고 아빠들은 출입을 엄금한다. 육아 서적과 안내문에는 대체로 엄마 역할만 설명하고 아빠는 뭘 해야 하는지 일언반구도 없는 경우가 많다. 이런 것들이 의외로 아빠들의 의욕을 떨어뜨린다. '육아는 부부 모두의 것'이라는 인식은 MZ세대에게는 특별한 것이 아니다. 당연한 것이다. 그러나 20세기적 구조가 청산되지 못한 출산 육아 시장(?)에서, 아빠의 의무와 역할은 무엇인지 알려주는 서적이나 정책적 도움은 거의 없다.

그나마 찾아보면 "아빠는 술 먹지 말고 운전이나 잘하고 청소 빨래 설거지나 도와주세요" 수준이 대부분이다. 잘 생각해 보면, 청소 빨래 설거지는 맞벌이 부부면 원래 같이 하는 거지, 이게 무슨 육아 정보냐, 이런 생각이 들곤 했다. 그 나름 노력을 기울이려는 아빠들에게는 의욕을 떨어뜨리는 장애물이 된다.

물론 이런 양상은 '독박 육아'가 당연시됐던 시절에 생겨난 것이니 누구의 '잘못'이라고 말하려는 것은 아니다. 그렇지만 부부가 동등한 수준의 육아를 하고 싶은 아빠들 처지에서는 번번이 소외감을 느낄 수밖에 없다. 결국 '아, 원래 육아는 엄마의 임무인가보다. 부부가 함께하는 육아는 그냥 이상적인 이야기일 뿐. 그렇다면 난 그냥 일이나 열심히 하고 돈이나 벌어와야겠어'라는 편견만 생기지 않을까?

결론적으로 정부가 부모 공동 육아를 정말 강조하고 싶다면 '용감하게' 남성 육아휴직 쓰라는 메시지는 좀 별로라는 생각이다. 여성 직장인도 육아휴직 1년씩 꽉 채워 쓰기 쉽지 않은 시대에 '남성 육아휴직 권장'이라는 모토는 당장 대중의 반발만 살 뿐이다. 어떤 의미에서는 엄마보다 아빠의 육아휴직이 더 눈치 보이는 일이기 때문이다. 공부하기 싫은데 꾹 마음 먹고 책상으로 가는 모습을 떠올려보자. 그런데 누군가가 뒤통수에 대고 "너는 공부도 안하고 뭐 했냐"라고 떠들어댄다고 생각해보자. 공부를 하려다가도 하지 않게 될 것이다.

저런 상징적인 한마디보다는 임신, 출산 단계에서부터 부모의 공동 역할 수행을 강조하는 상징적 입법이나 제도 마련이 더 낫지 않을까? 관련 법에 차별금지 조항(?) 같은 거라도 하나 넣으면 충분하지 않을까? 그러면 그 법적 제도적 근거를 바탕으로 '육아는 공동으로 하는 게 기본이구나'라는 인식이 확대될 테고, 그 인식을 실천으로 옮기는 업체나 병원이 인센티브를 받을 수도 있을 거다. 인식은 하루 아침에 바뀌지 않는다.

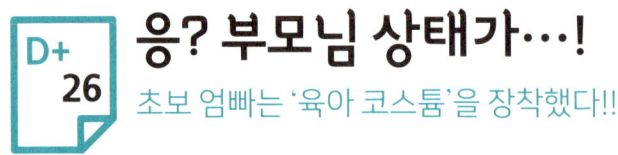

응? 부모님 상태가…!
초보 엄빠는 '육아 코스튬'을 장착했다!!

    어영부영(?) 태어난 지 20일을 지나 1개월을 향해 달려간다. 다행이 크게 아픈 곳 없이 울며 보채지도 않고 – 물론 알 수 없는 이유로 죽어라 소리를 지른다 – 잘 자라는 모습을 보니 괜히 마음이 찡하다. 하루하루 급성장하느라 성장통도 겪을 테고, 매일매일이 새로운 것 투성이다 보니 무섭기도 할 텐데 꿋꿋이 잘 크는 듯하다.

    하지만 매일이 그렇게 순탄한 것은 아니다. 이제 슬슬 불편함을 울음으로 호소할 수 있는 처지가 되었다. 이게 부모 처지에서는 큰 다행이기도 하고 고통이기도 한데, 다행인 것은 아기가 불편하면 바로 알고 대처할 수 있다는 점이겠고, 고통이라면 시도 때도 없이 울어댄다

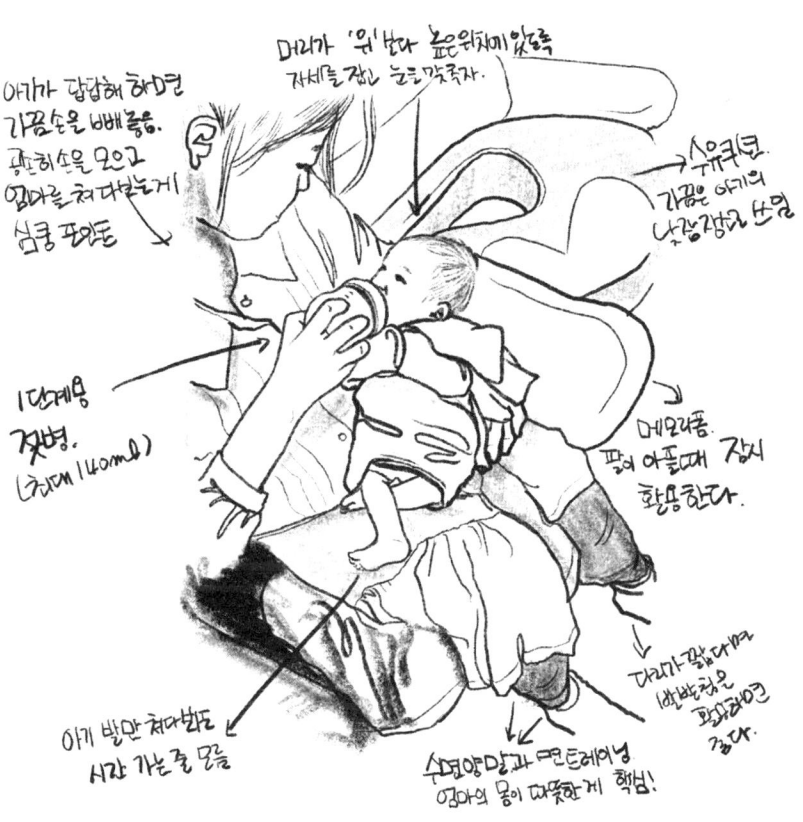

는 것이다. 마냥 우는데 도대체 무슨 이유인지 알 수가 없으니 도리어 스트레스만 받는다.

　모로반사가 조금씩 줄어들면서 속싸개에 싸 놓으면 답답한 듯한 제스처를 보일 때도 있다. 가끔 속싸개 밖으로 손을 빼놓기도 한다. 엄마 뱃속에 있을 때랑 똑같은 포즈(양팔을 드는 만세 자세인데 손이 머리 뒤까지 넘어감. 해먹에 누워있는 듯한 자세)로 자는 모습을 볼 때면 오구오구 귀엽다. 자기 자식만의 수면 자세를 이맘때 발견하게 된다(애는 두 돌이 넘은 요즘도 비슷한 자세로 잘 때가 있다). 언젠가 아침에는 양손을 배꼽인사 자세로 모으고 젖병을 든 엄마를 빤히 쳐다보는데 오구오구오구오구.

　밖에 나갈 일이 없는, 밖에 나가더라도 남의 눈치보다는 자기 용건이 급한 초보 엄마는 언제 어디서나 육아 작업복(?)을 갖춰 입으시고, 아이에 맞춰 차가워진(섭씨 24도) 실내에서 혹여 몸이 상하지 않게 따뜻한 양말과 트레이닝을 가끔 갖춰 입는다. 갓 출산한 엄마는 관절통이 오기 십상이니 잘 관리해줘야 한다. 특히 바쁜데다 수유에 불편하다는 이유로 옷을 따뜻하게 갖춰 입지 않는 엄마가 많을 텐데, 남편들이여, 옆에서 잔소리를 꼭 해주자. 당신들이 챙겨야할 사람은 아기만이 아니다.

　그에 반해 아빠는 코스튬이랄게 딱히 없는데, 섬유 먼지가 풀풀 날리는 옷, 지퍼가 달린 옷(긁힐 수 있다) 등은 피하는게 당연히 좋다고 생각한다. 기능성 의류가 먼지도 안 나고 나풀나풀해서 딱인듯. 내 경우는 특정 브랜드의 기능성 셔츠를 여러 번 사서 돌려 입었는데, 훗날 얘기지만 아기가 그 셔츠만 보면 손가락질을 하며 '응?' 하고 물었더랬다. 물론 시간이 더 지나면 그딴 거 기억 못한다. 전투복 챙겨 입듯 편한 옷으로 열심히 아기를 돌보는 것이 최고다.

1개월 아기, 쪽쪽이를 물다

집에서 아기 몸무게 재기 꿀팁 공개

인공(공갈) 젖꼭지, 부모들에게는 '쪽쪽이'라는 말로 더 잘 알려진 그 무언가를 처음 물려 보았다. 페이스북에 아이가 울어 힘들다는 투로 글을 올렸더니, 그걸 보고 친애하는 육아 선배가 쪽쪽이를 물리라고 추천했다.

쪽쪽이를 언제 물려야 하는지, 언제 끊어야 하는지를 두고 의견이 분분하다. 1개월은 지나고 물리는 것이 좋다고 하는데, 근거는 잘 모르겠다. 확실한 것은 치아가 발달한 뒤에도 쪽쪽이를 너무 많이 물고 있으면 좋지 않다는 것 정도. 쪽쪽이를 너무 물면 언어 발달이 느리다는 말도 있는데, 일부 그런 연구결과가 있었지만, 대부분 3년 이상

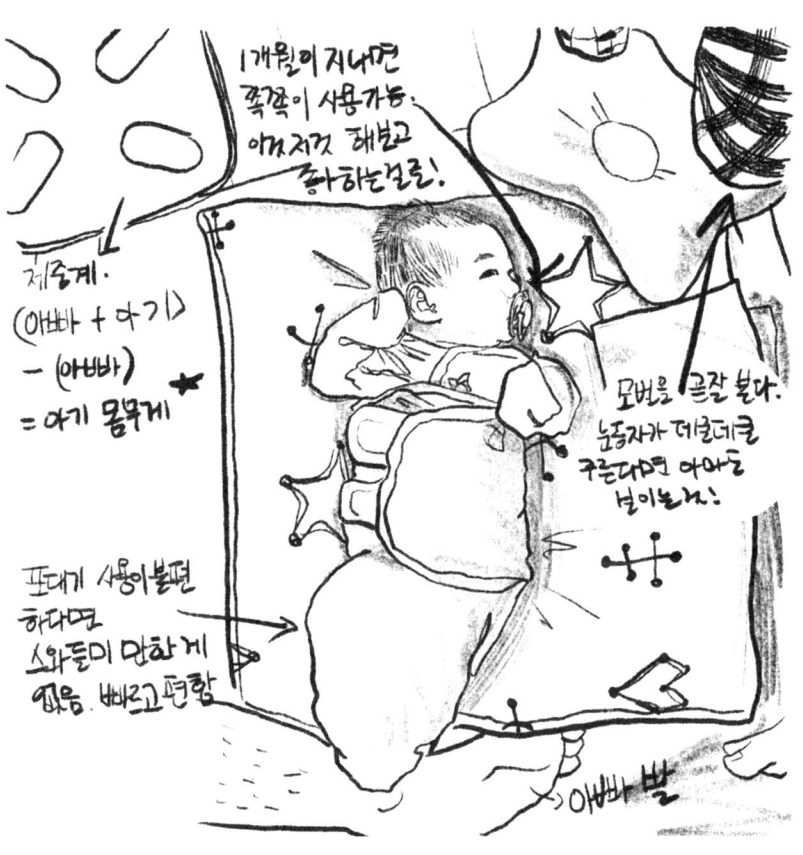

젖꼭지를 물렸다거나 하는 식의 연구들이라 과연 일반적인 영역에서 영향을 미치는지는 모르겠다.

심지어 인공 젖꼭지를 오래 문 남성은 감정 조절을 못한다는 희한한 연구결과도 있다. 하지만 인과관계를 나타내는 것은 아니므로 절대적인 관련성이 있는 것처럼 생각하면 안 된다. 혹시나 언어 발달에 관심이 있다면 대한소아청소년과학회 홈페이지(https://www.pediatrics.or.kr/)를 찾아보도록 하자.

어쨌든 '생후 30일이니까…' 하는 생각으로 쪽쪽이를 물렸다. 사실 아기 목소리가 너무 우렁차서 그런 것이 크다…는 게 솔직한 마음이다. 얘는 목소리가 정말 상위 10%로 큰 게 확실하다. 쓰고 있는 젖병과 같은 브랜드의 쪽쪽이를 사서 물렸는데 아주 좋아했다. 일주일 뒤에 다른 제품을 물려봤는데 그거는 퉤 뱉었다. 호불호가 있는 듯하다.

그러나 이 쪽쪽이의 단점이 있는데, 빨 때마다 인중 쪽이 닿아서 자극이 된다는 것이었다. 닿는 부분이 빨갛게 부어 오르기도 했다. 아기를 24시간 보살피는 엄마가 이를 빨리 눈치채고, 밥그릇 모양으로 바깥쪽으로 살짝 휘어진 모양의 원형 젖꼭지로 바꿨다.

쪽쪽이는 잠투정을 할 때 요긴하다. 수유 텀을 지키고 싶은데 아기가 너무 일찍 잠에서 깨 투정을 부릴 때, 분유를 탈 때 물이 생각보다 뜨거워서 식히는 시간이 필요할 때, 아기가 자지러지려고 준비 중

(엥엥 소리를 내거나 허리를 뒤로 젖히거나 고개를 비튼다)일 때 등. 유용함의 극치였다. 인공 젖꼭지를 처음 상품화한 사람에게 감사드린다, 라고 생각하며 또 처음 만든 사람이 누군지 찾아본 검색 광(1900년 C. W. 맥킨지라는 사람이 처음 특허를 냈다고 한다).

아기는 무럭무럭 커 탈 없이 1개월이 지났다. 배냇머리가 솔솔 빠져 변발이 되었지만 반대로 속눈썹이 솔솔 자라 귀욤귀욤을 장착하였다.

손발의 모로반사도 이전처럼 격렬하지 않게 됐다. 조금씩 자기 뜻대로 움직이기 시작한 듯하다. 물론 손가락 발가락은 어림도 없고 상하좌우 정도만 가능한 듯하다.

어쨌든 이제 아이가 하루가 다르게 변하고, 매일매일 쑥쑥 큰다는 게 실감나기 시작했다. '스와들미'라는 속싸개를 처음 입혔을 때 너무 크다고 생각했는데 벌써 아기의 발끝이 싸개를 뚫고 튀어나오려 할 정도다.

배냇저고리도 입히면서 너무 크다고 생각했는데 어느덧 팔이 길어 소매에 꽉 찼다. 이맘때 몸무게가 하루에 30g 정도씩 는다면 정상이라고 한다.

아, 몸무게를 어떻게 재냐고? 가정용 체중계만 있으면 된다. 일단 아버지가 아기를 안고 한 번 몸무게를 잰다. 그 다음에는 아버지만 따로 한 번 몸무게를 잰다. 두 개의 차이를 비교하면 되는 것이다. 예를 들어 아버지+아기 85.0kg에 아버지 81.5kg 이라면 아기는 3.5kg 인 셈. 우리 아기는 정상 범위 내에서 잘 크고 있다. 하루하루 감사한다.

이쯤 되면 까먹으면 안되는 일이 있다. 생후 한 달이 넘기 전 출생신고를 해야 한다. 잘못했다간 과태료를 물게 된다. 출생신고하러 가서 양육수당 신청, 전기세 감면 신청(에어컨을 반 년 동안 틀어야 한다), 각 지방자치단체에서 제공하는 출산 혜택 신청하기 등 빼먹으면 안 되는 일 꼭 챙기기.

> **Tip 1**
>
> ### 아기의 근육 발달
>
> 흔히 영아기 아기의 움직임 발달은 '대근육 발달'과 '소근육 발달'로 나눠 설명한다. 학술적 의미에서 '대근육 운동'이란 전정기관(평형 감각을 주관하는 감각 기관)과 신체 위치(손발이 어디 달렸는지)를 감지하는 기관의 정보를 활용하여 근육을 제어하는 기능을 말한다.[1] 목 가누기, 앉기, 기기, 걷기 같은 것들이다. '소근육 운동'은 손과 팔을 섬세하게 사용하는 것으로 물체를 향해 손을 뻗어 쥐고 들고 내려놓는 기능을 말한다.
>
> 아기는 이제 막 태어나, 손발이 뭔지도 모르고, 심지어 자기가 누군지도 모른다. 뇌와 손발이 성인처럼 연결된 상태가 아닐 것임이 분명하다. 그러면, 컴퓨터가 머신러닝 하듯, 뇌와 근육, 신경의 움직임을 하나씩 테스트해가며 연결하고 발전시키는 과정이 필요할 것이다.
>
> 배고프면 주먹을 입에 가져가고 눈앞에 엄마나 아빠가 다가가면 잡아보려는 듯 손을 들기도 한다. 그때는 마냥 재미있고 신기했지만, 특별한 행동은 아니고 그냥 이것저것 해보는 수준이다(우리 아기는 6개월 이후에도 잠에서 깨면 자기 손발이 잘 붙어 있는지 확인하고, 손가락을 하나씩 움직여보려고 침대에서 30분 동안 연습하고 그랬다).

---

1) 곽노의, 곽덕영. 『생후 1년간의 유아발달과 육아·교육』. 양서원. 1999.

목욕은 어려워
아기는 안 힘든데 아빠가 힘든 희한한 목욕 현장

평일에는 산후도우미께서 목욕을 시켜주지만, 주말은 오롯이 엄빠의 몫. 엄마는 평일에 목욕하는 모습을 매번 지켜봤지만, 아빠는 산후조리원에서 한 번, 휴가 때 한 번 본 것이 전부다. 눈과 머리에서 익숙하지 않은 과정이 손에 익을 리가 없다.

우리 딸은 목욕이 거칠거나 춥지 않다면, 울지도 보채지도 않는 얌전이. 조금 불편하다 싶으면 '끙' 한마디 하고는 아무래도 상관없다는 반응이다. 그게 참 고마우면서도 한편으로 서툴기만 한 내 손길이 원망스럽기만 하다. 투박한 손길로 잘못 건드렸다가는 금방이라도 어딜 다칠 것만 같은 꽃 같은 존재. 그 작은 생명을 이리저리 살피

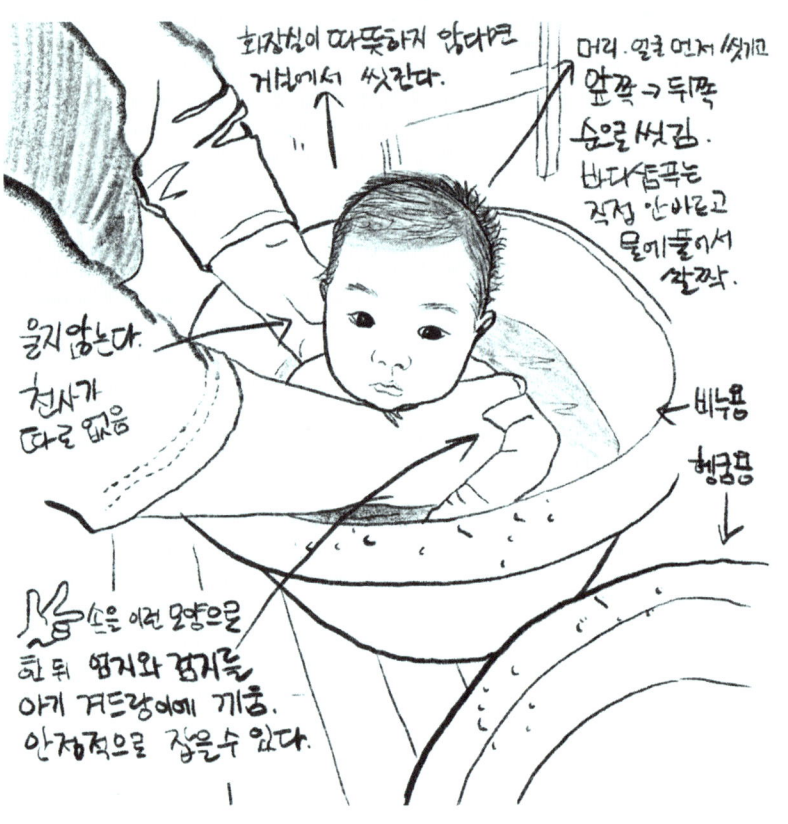

는 게 영 조심스럽기만 하다.

서툰 아빠 탓에 손발이 안 맞으니 아기 엄마도 스트레스를 받는 모양. 그렇지만 손발을 맞추지 못하는 아빠도 스트레스를 받는다. 아기만 태평한 희한한 신생아 목욕 현장이다.

신생아 목욕은 누구나 그렇듯 샴푸와 얼굴, 배와 등의 순서로 이어진다. 관건은 아기의 겨드랑이에, 플레밍의 왼손법칙처럼 만들어서 끼워 놓은 두손을 얼마나 능수능란하게 움직이느냐다. 가위 모양을 하고 엄지와 검지는 겨드랑이를, 나머지 세 손가락은 몸통을 거치(?)하면 아기가 딱 손에 잡힌다.

문제는 이걸 잘 들었다 놨다 하기가 애매모호하다는 것. 마음 같아서는 '더미 아기'를 데려다 놓고 훈련이라도 하고 싶은 판이다. 물론 산후조리원에서 연습시킬 땐 이정도일 줄은 몰랐지. 목욕만 시키면 아빠는 땀범벅이 된다.

욕조는 두 개를 준비한다. 하나는 신생아용 바스나 비누를 풀어놓은 물. 다른 하나는 헹굼(?)용으로 쓸 깨끗한 물. 목욕이 끝나면 신속하게 속싸개로 닦아주고 옷을 입혀야 한다. 거의 5분 대기조 느낌으로 휘리릭 한다. 안 그럼 아기가 추워한다. 소름이 돋고, 조금만 추우면 금세 딸꾹질을 한다. 미안함 두 배 되고 싶지 않다면 물기를 빨리 닦아주자(산후도우미에게 배운 버전으로 각자 적절한 방법을 찾아보면 된다).

이렇듯 아기를 돌보다 보면 정작 아기는 태평한데 부모만 진땀을 빼는 경우가 많다. 그때마다 아기에게는 '미안하다'는 말밖에 해줄 수가 없다. 애틋하면서도 고맙고 미안하고, 기타 등등 만감이 아기 목욕을 시키면서 교차할 줄은 몰랐지.

잘해준 것보다는 못해준 것만 마음에 남는 건, 어쩌면 모든 부모가 느껴야 할 감정의 필수 코스 아닐까?

고개를 들라
아기는 터미 타임(목 가누기 연습) 중

생후 30일 즈음, 트림을 시키려 아기를 어깨에 얹으면 '끼잉' 하며 고개를 들어 나름대로 자신이 편한 곳으로 목을 옮겨 자세를 잡기 시작했다. 호오, 드디어 목에 힘을 주기 시작하는군. 저 나름대로 의욕과 욕구를 갖고 힘차게 살고 있는 아기의 모습을 본다. 또 미안함과 애틋함을 느끼고… 부모는 원래 애가 잘해도 걱정, 못해도 걱정인가 보다.

엄마가 가끔 목 가누기 연습을 하라며 엎드리는 자세를 취하게 하는데, 이를 전문 용어(?)로 터미 타임(Tummy Time, 배로 엎드려 있는 시간)이라고 한다. 터미 타임은 수유 직후에는 권하지 않고, 처음

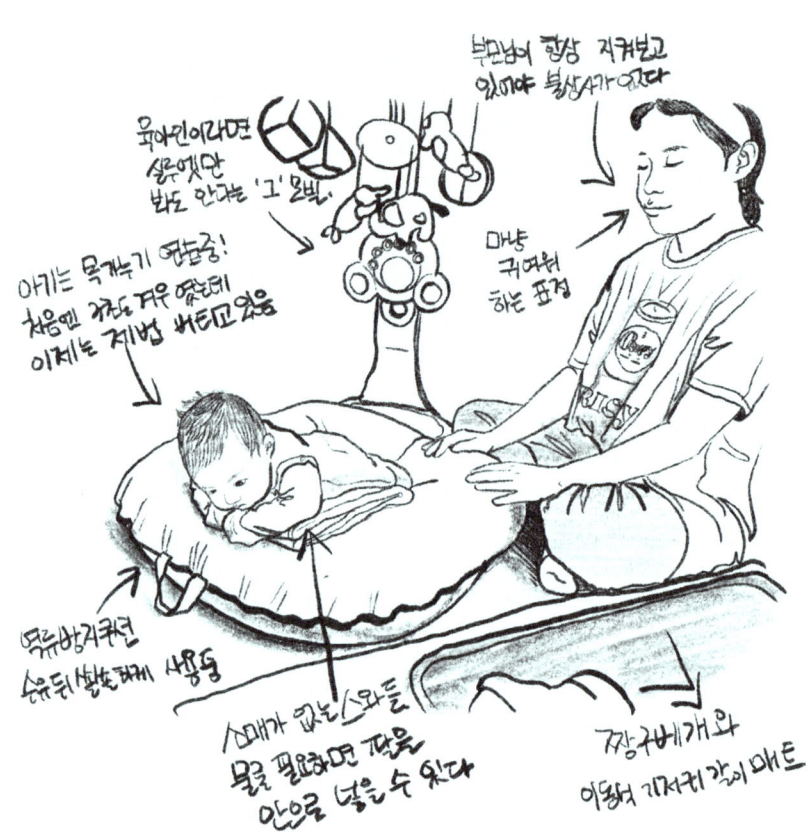

에는 1분 안쪽에서 시작해 조금씩 시간을 늘려나가는 것을 권한다고 한다. 쿠션에서 하는 터미 타임이 익숙해지면 깔개를 깔아놓고 그 위에서 3~5분 시도해보는 것도 가능할 듯하다. 하지만 가장 중요한 것은 꼭 부모님이 지켜보는 앞에서 해야 한다는 것이다. 절대 절대 절대 절대 아이를 혼자 둬서는 안 된다. 정말 큰일날 수 있다.

터미 타임은 아기 신체발달 외에도 배앓이 방지와 시각 발달 등의 효과가 있다고 한다. 두상이 예뻐진다고 하는 사람도 있는데, 근육 발달로 턱선이 살아난다면 모르겠으나 두상이 예뻐지는 것은 근거를 잘 모르겠다. 오늘 아침도 아기가 엎드린 상태에서 용을 쓰면서도 신기해하는 표정을 짓는데, 입술은 삐죽 눈은 똥글똥글. 심쿵 포인트가 아닐 수 없다.

속싸개도 기존에 쓰던 것 대신 보다 옷에 가까운 형태의 제품으로 바꿨다. 소매가 막혀 있는 나비 모양 제품인데, 필요하면 양팔을 안으로 넣을 수도 꺼낼 수도 있어 골라봤다. 하지만 얼마 못 쓰고 구석으로 치워버렸다는 게 함정. 역시 아이에게 맞는 육아템은 다 따로 있나 보다. 위안이라면, 역류방지 쿠션 위에 누워 양팔을 힙합퍼처럼 흔드는 모습도 재미있다는 것.

그러나 이렇게 이쁜 아기도 밤잠을 자지 않고 보채는 때에는 정말 그렇게 미울(?) 수가 없는데, 매일 욱했다가 10초 뒤 반성하고, 또 욱했다 10초 뒤 반성한다. 나의 인성이 파탄난 것인가 하는 불신감이

모락모락 피어오른다.

    부모의 감정이 널뛰기하는 것을 아이가 느끼게 하는 건 정서 발달에도 도움이 되지 않을 텐데, 하며 매일매일이 반성의 나날이다. 감정이 널뛰기하듯 하는 부모는 아기에게 불안감을 심어줄 수 있다고 본다. 여기에 만약 불같이 화를 냈다가 아기에게 '내가 너를 사랑해서 그랬다'며 울면서 사과하는 행동을 하고 있다면, 진지하게 스스로를 반성해보시길.

    물론 나부터 똑바로 해야겠지. 미안하다 미안하다 아가야.

 # 우리 집 아기용 트롤리
아기용품을 이렇게 정돈해 두었습니다

아기가 있는 집이라면 바퀴가 달린 트롤리 선반 하나쯤은 구비해 놓기 마련이다. 기동성을 발휘하기 위해서인데, 사실 생활하다 보면 포장을 뜯은 물티슈가 거실에 하나, 부엌에 하나, 아기 침대 옆에 하나 있기 마련. 가제손수건도 거실에 한 묶음, 아기 침대 옆에 한 묶음이 5분 대기하고 있기 마련.

그러나 어쨌든 가장 손이 빠르게 움직여야 하는 순간에 필요한 아이템은 역시 트롤리에 넣는 편이 좋은데, 우리 집 트롤리는 그림과 같은 상황으로 구성해뒀다.

꼭대기층에는 기저귀가 정돈돼 있음. 방향은 그냥 정리벽이 심한

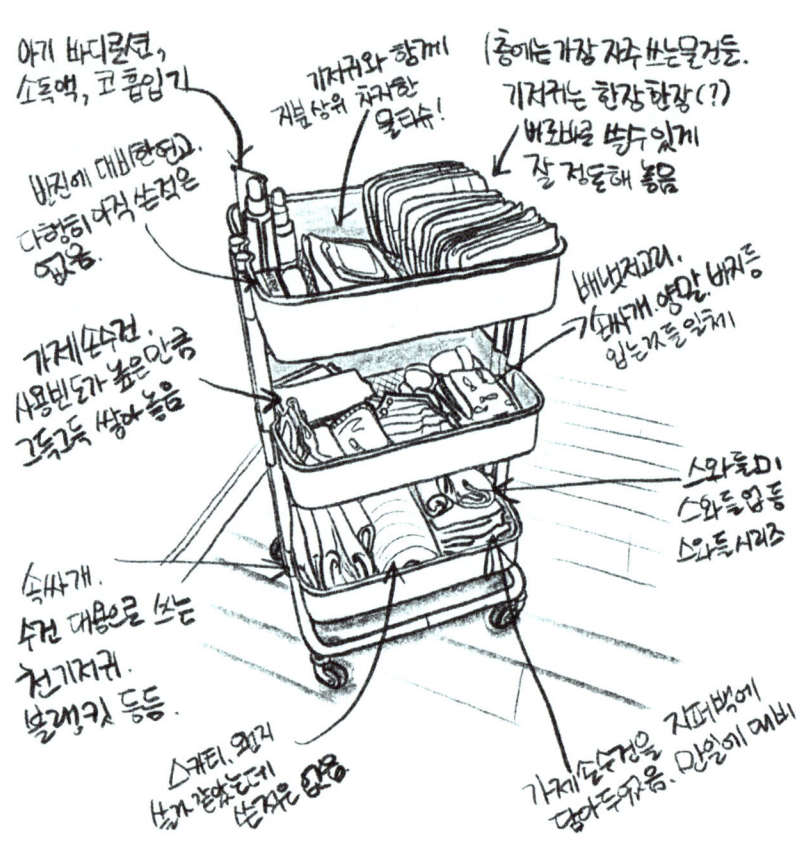

내 마음대로 한 방향으로 쌓아 두었고, 그 다음으로 사용 빈도가 높은 물티슈가 자리 잡고 있음. 사실 정해진 방법이 뭐가 있겠냐마는, 그냥 쓰는 사람의 마음이라도 편할 테니 깔끔하게 정리하는 게 좋다.

　3층에는 또 각종 연고와 로션도 비치. 일주일에 한 번 정도 찾게 되는 면봉과 코 흡입기 등도 이곳에 두었는데, 아무래도 당황하면 물건이 어디 있는지 잘 모르기 때문에 눈에 띄는 곳에 두는 편이 좋은 듯해서다.

　그 다음 빈도가 높은 가제손수건은 2층에 두었는데, 사실 꼭대기 층이 더 좋지만 공간이 애매해서 그렇게 했다. 그리고 배냇저고리, 우주복, 바지, 원피스 등도 이곳에 두었다. 기저귀를 갈거나 하다가 소변, 대변으로 급히 옷을 갈아 입혀야 할 때가 있어서, 이런 상황을 생각하면 아무래도 눈에 띄는 편이 좋다고 본다. 손싸개와 양말, 모자 등은 아무래도 사이즈가 쥐돌이같이 작아서 언제 사라질지 모르므로 짝을 잘 찾아서 지퍼백에 넣어두었다.

　1층에는 손은 잘 안 닿아도 쓸 일이 많은 속싸개, 스와들미와 스와들업 시리즈 등을 두었다. 그리고 지퍼백에 싸 둔 가제손수건도 몰아넣었는데, 다들 아시겠지만 가제손수건은 선물 받은 것 등을 한 곳에 모으면 50장도 더 되기 때문에 이렇게 적재할 공간을 마련해두는 편이 좋은 듯. 그리고 지금까지 한 번도 쓴 적이 없는 스카치 두꺼운 버전. 이거 쓸 일도 없고 빨리 치워야 하는데 언제 치우나….

 ## 파란 원피스가 어울려
'여자아이=핑크'라는 공식은 이제 그만ㅠ

　공교롭게(?) 우리 부부는 대체로 푸른색이나 흰색, 검은색 계통을 선호한다. 그래서인지 아기용품을 고를 때도 자꾸 그런 컬러를 고르게 되는 경향을 숨길 수 없다.

　그런데 반대로 선물 받은 옷은 대부분 핑크 핑크한 컬러인 경우가 많다. 때로는 레이스가 달려 있거나 리본이 달려 있는 옷도 많다. 양성평등 분위기 속에 요즘은 딸에게 핑크 계열 옷을 일부러 찾아 입히지 않는 부모도 있다고 한다. 그렇지만 선물을 하는 처지에서는 아무래도 대세(?)에 따를 수밖에 없으니 핑크 계열 옷이 늘어나는 건 어쩔 수가 없다.

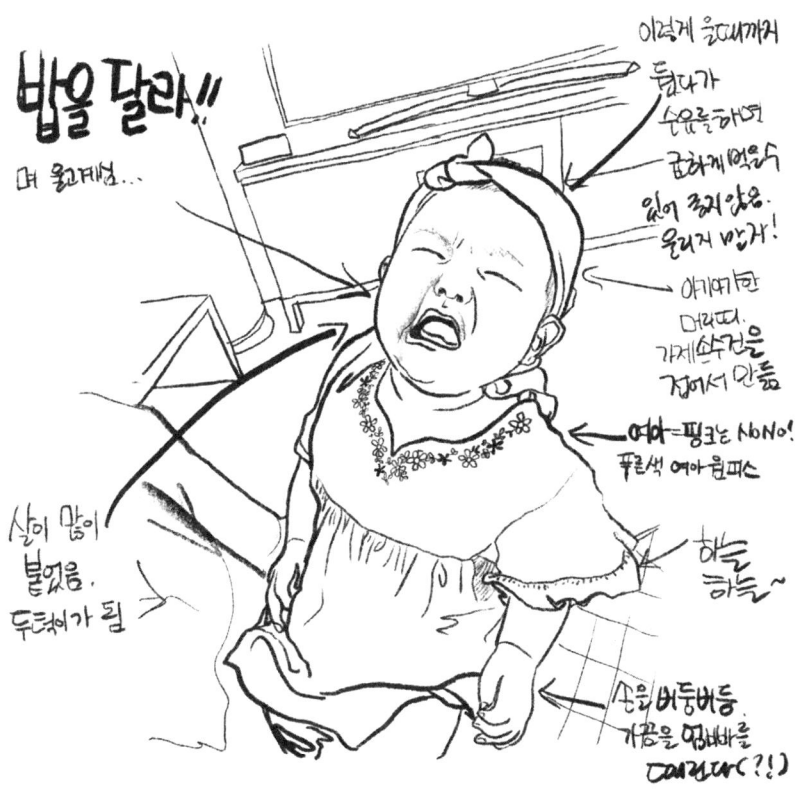

아빠 엄마는 둘 다 핑크로 된 물건이 거의 없다 보니 이게 은근히 낯선 컬러인데, 그러던 차에 처가에서 가져온 원피스가 마침 파스텔 톤의 푸른색이어서, 냅다 입혀 보았더니 역시나 마음에 쏙 들었다. 하지만 밖에서 아기의 성별이 오해 받는 게 싫다면 그냥 사회적 통념에 따르는 편이 나을 테지.

딸을 가진 부모로서, 그리고 젠더 이슈에 그 어느때보다 민감해진 세상에서 부모는 항상 이런 사소한 것까지 고민하게 된다. 딸에게 핑크색 옷을 일부러 입혀야 할까? 인형 대신 자동차를 사주면 좋아할까? 혹은 일부러 그 반대로 해야 하는 것인가?

정답은 모르겠지만, 가장 좋지 않은 것이 뭔지는 알겠다. 첫 번째는 생물학적인 성별이 '거스를 수 없는' 절대적인 차이를 가져온다는 고정관념이다. 흔히 우리는 남성이 여성보다 근력이 좋다고 생각한다. 물론 생물학적으로 남성이 여성보다 근력이 좋을 것이라는 것을 부정해서는 안 된다. 그러나 우리가 인류에서 무작위로 한 명의 남성과 여성을 뽑아 비교했을 때, 남성보다 근력이 센 여성도 분명 존재할 수 있다.

두 번째는 아이에게 특정한 성 역할을 강요하는 것이다. 요즘 부부들이 대부분 그렇겠지만, 우리 부부도 아이에게 '남자는~' '여자는~' 같은 표현은 잘 쓰지 않으려고 한다. 예를 들면 '여자애가 왜 그리 방정맞냐'라거나 '남자답게 씩씩하게 해야지'라고 한다거나. 아이가 크면서 자연스럽게 선호와 불호를 갖게 될 것이고, 아마도 그것이 사회 통념상 받아들여지는 남성과 여성의 젠더 역할에 유사하게 형성되겠지만, 어떤 분야에서 그런 통념과는 다른 성품이나 취향을 갖게 됐다고 해서 그것을 부모가 비난하거나 강요해서는 안 되지 않을까? 물론 부모로서 걱정은 되겠지만 말이다.

구구절절 말이 길었지만, 사실 100일도 안 된 시점에 아기 옷이 핑크인지 똥색인지는 전혀 중요하지 않다. 신경 쓰이지도 않는다. 다만 여자아이 옷에도 푸른 계열이 늘어났으면 하는 (개인적인) 바람. 왜냐면 다양한 색깔을 입혀보고 싶어서….

사실 제일 좋은 건, 그 사람의 성별이 무엇이건 선호가 어떤 것이건 상관없이 특정 성격과 특정 컬러를 연결하는 것이 전혀 나쁘지 않은 세상이 되는 것. 컬러는 컬러일 뿐 그것에 어떤 가치나 비하를 담는 일이 사라지면 좋겠다.

아기가 커서 푸른색을 좋아하든 - 물론 똥색을 좋아하면 좀 그러려나 - 핑크색을 좋아하든 그것이 개인 취향 수준에서 받아들여지며 '여자애가 무슨 블루 컬러냐' '핑크색을 싫어하다니 남자 같네'라는 일방적 편견에 부닥치지 않길 바란다. 또 혹여 그런 사람과 맞닥뜨리게 되더라도 우리 아이는 무심하게 '무슨 말도 안 되는 소리를 하는 거야'라고 흘릴 수 있는 씩씩하고 건강한 사람이 되기를 바란다.

요즘도 쿠X을 보면 '컬러는 랜덤하게 배송된다'는 내용의 쪽쪽이

구매평에 이런 것이 있다. "여자 아이라 흰색이 왔으면 했는데 블루가 와서 섭섭해요"라는 것이다. 그분들을 비난하는 것은 아니다. 그냥 뭐 그렇게 여전히 파랑과 핑크의 공식은 통용된다는 거. 모르겠다. 분유나 타러 가야지.

스튜디오 기념촬영 풍경
아기 사진 찍기 꿀팁을 발견하다

"다녀오길 잘 했네."

50일 기념 스튜디오 촬영을 다녀온 우리 부부의 한 줄 평은 이랬다. 사실 평소 '유난 떠는 일'을 싫어하는 우리 부부에게 '50일 기념 촬영'이란 건 아예 머릿속에 존재하지 않는 개념이었다. 어차피 스마트폰으로 하루에 수십 장씩 사진을 찍는데 웬 스튜디오 촬영.

그러나 아이가 태어난 산부인과가 연계된 스튜디오에서 50일 촬영 무료 서비스를 해줬다. 물론 50일 촬영을 미끼(?)로 100일 촬영, 돌 촬영 등을 제안하는 일종의 비즈니스다. 하지만 찍어보고, 마음에 들지 않으면 계약을 하지 않으면 되니 하등 불만을 가질 이유가 없다.

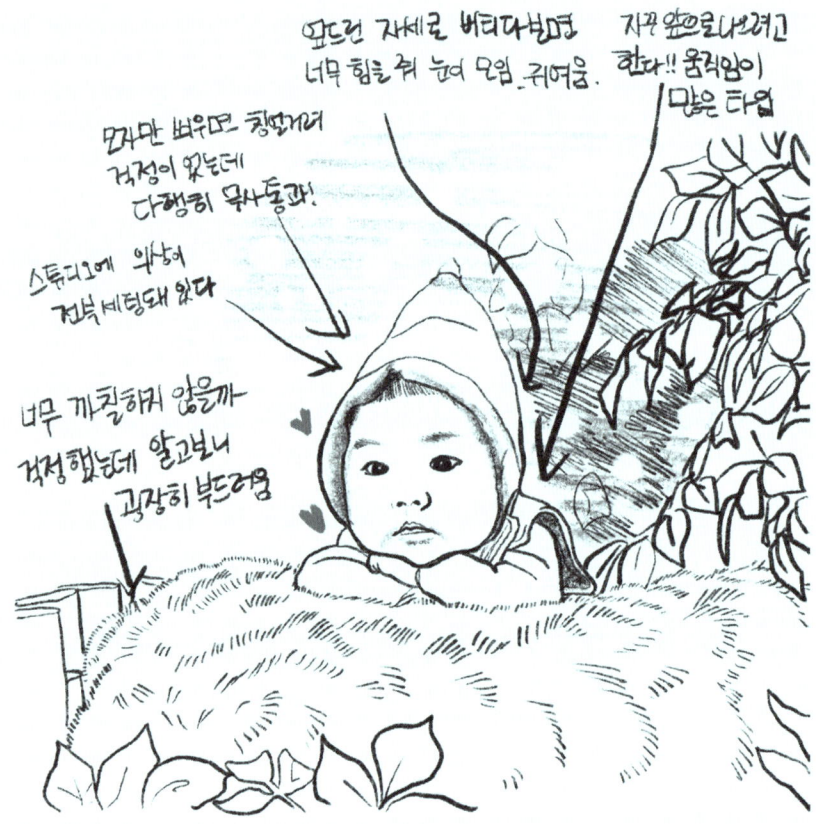

우리 부부는 나갈 때만 해도 투덜투덜 짐을 챙겨 출발했는데 돌아올 때는 엄빠 모두 해죽해죽 웃으며 대만족했다는 후문이다. 영업에 홀려 돌 기념촬영 예약까지 해놓고 왔다는 건 안 비밀.

대만족의 원인은 사실 스튜디오의 매우 적절한 아기 달래기와 촬영 능력에 있었다. 또 무던하기 그지 없는 우리 아기 덕분이다. 스튜디오로 출발하기 위해 자동차에 시동을 걸자 마자 잠든 아기(아기들은 화이트노이즈를 좋아한다고 함)는 도착해서도 콜콜 자다가 촬영 직전 깨웠음에도 짜증 한 번 내지 않고 일어나 한 번 울지도 않고 멀뚱멀뚱 촬영에 응했다. 하얀 조명이 반짝반짝 곳곳에 가득했으니 신기했을 법도 하다.

아기는 아직 고개도 잘 가누질 못해 턱을 괴어 놓으면 낑낑대고, 그 와중에 또 힘은 좋아서 앞으로 기어 보려고 버둥댔다. 사진만 봐서는 가만히 엎드려 있는게 뭐가 힘든가 싶겠지만 스튜디오 직원 분의 설명은 달랐다. "아기들은 사진 찍으면 힘들어서 빨리 배고파하는 경우가 많다. 그래서 엄마들이 수유 텀에 관계 없이 수유를 하고 가시기도 한다"고.

우리 아기도 실제로 촬영을 다녀와서 분유를 열심히 먹고, 그날 6시간 통잠을 자버렸다. 50일된 아기가 6시간 자는 게 웬일. 그렇게 힘들었는데도 한번 울지도 않는 담담(?)한 모습에 미안함과 고마움을 또 느꼈다.

스튜디오에서는 첫 돌, 100일, 50일, 만삭 촬영을 온 다양한 부부와 마주치게 된다. 이제 겨우 50일된 아기를 안은 아빠는 아빠 손을 잡고 걸어다니거나 아빠의 팔에 안겨 고개를 빳빳이 든 아기들이 마냥 부러웠다. 그렇지만 만삭 촬영을 온 한 예비 아빠는 아기에게 분유를 먹이는 나를 그렇게 부러운 눈빛으로 쳐다보더라. 그냥 지금의 행복에 충실한 것이 제일이다.

Tip 2

사진 잘 찍는 비결

스튜디오 직원 분을 잘 살펴본 결과, 아기 사진 잘 찍는 꿀팁을 확보했다. 첫번째, 아기의 예쁜 표정 만들기. 가제손수건으로 아기의 입술 양쪽 끝과 아랫입술 가운데를 톡톡톡 쳐준다. 그러면 아기가 입술 양쪽 끝과 아랫입술에 힘을 주는데, 이게 웃는 표정과 비슷하다. 또는 '헤~' 하고 귀엽게 입을 벌리는 포즈가 나오게 된다.

두번째, 아기의 눈이 몰릴 때 대처법. 아기는 아직 눈의 초점이 완벽하게 맞질 않아 두 눈동자가 따로 움직이는데, 특히 고개를 가누려고 용을 쓰다 보면 눈동자가 가운데로 몰리는 불상사(?)가 일어나기도 한다. 이때 가제손수건으로 미간을 살짝 터치해주니 아기 눈동자가 원상복귀한다. 아마 아기가 눈을 껌벅이며 미간에 힘을 주느라 양 눈동자에 순간적으로 힘을 빼는 듯한데, 정확한 원리는 모르겠음. 암튼 뭐 그랬다는 것. 스튜디오 관계자들의 노하우를 훔쳐보았기 때문에 어디에도 근거는 없다.

손발의 발견
2개월 아기가 되다

아기의 작은 손에 자기 손을 가져다 대었을 때, 아기가 꼭 잡아쥐고 놓아주질 않는 통에 한참이나 자리를 뜨지 못하고 아기를 바라본 경험. 모든 부모가 한 번쯤은 겪었을 따뜻한 감동의 순간이다.

그러나 이 감동은 곧 깨지기 마련인데, 바로 신생아 때는 이른바 '쥐기 반사'에 의해 손에 닿는 것을 무의식 중에 쥐게 된다는 육아책 내용을 보기 때문. '엄빠를 알아본 것이 아니었단 말인가 ㅠㅠ' 하게 되는 것이다.

그러나 아쉬움은 잠시! 2, 3개월이 되면 슬슬 아기가 자신의 손으로 뭔가 하는 모습이 계속 관찰된다. 자기 몸이 자기 몸인지도 모르

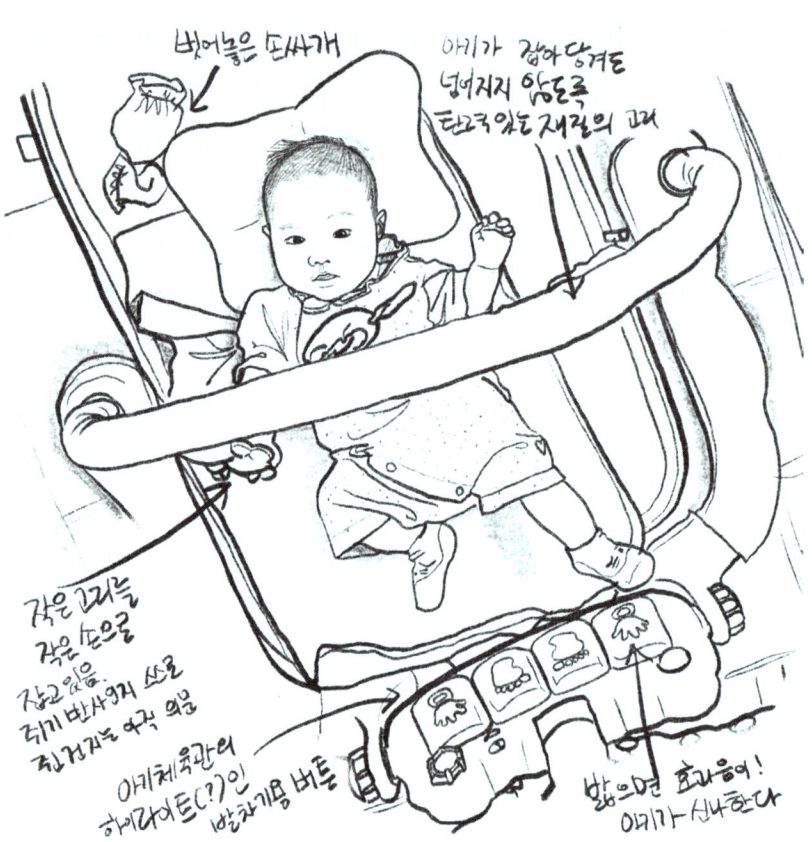

던 아기가 점점 팔과 다리, 손과 발을 느끼고 움직여 보기 시작하는 것이다.

우리 아기의 경우 배고프면 손을 입으로 가져다 댄다든가, 먹기 싫으면 젖병을 손으로 팍팍 친다든가 하는 행동으로 간단한 의사 표현을 했다(고 일방적으로 생각한다). 손에 뭔가 쥐어주면 잡고 한두 번 정도 흔들어 본다든가 하는 모습도 보인다.

사실 '아기체육관'은 2개월 아기에게는 조금 이른 감이 있었다. 아기체육관은 손으로 잡고 놀 수 있는 반달 모양의 고리 부분과, 발로 차고 놀 수 있는 버튼으로 구성돼 있는데, 장난감을 쥐고 흔들거나 다리에 본격적으로 힘을 기르는 건 3, 4개월차 이야기이기 때문이다.

미국 질병통제예방센터가 언급하는 생후 2개월 아기의 특징은 이렇다. 사회성이나 커뮤니케이션 분야에서는 '사람들에게 미소를 짓기 시작한다' '부모를 보려고 노력한다' '옹알이를 한다' '소리가 나는 쪽으로 머리를 돌린다' 등이 대표적인 모습이다.

인지력 관련해서는 '얼굴에 주의를 기울인다' '눈으로 사물을 따라가고, 멀리서도 사람을 인식한다' '활동이 바뀌지 않으면 지루해한다' 등이다. 신체 발달 면에서는 '엎드리면 몸을 밀어 올리기 시작한다' '팔과 다리를 사용하여 부드럽게 움직인다' 등이다.

이때 부모의 역할은 아주 쉽다. 일과 중에 말을 붙여주고 같이 놀아줘야 한다. 소리를 낼 때 반응해주고 미소지어줘야 한다. 이게 말은 쉽다. 하지만 하루종일 아이와 뒹굴어야 하는 엄마, 일하고 돌아와 두 번째 직장생활을 시작해야 하는 아빠 처지에서는 쉽지 않은 일이다. 매일 다짐하고 다짐하는 수밖에 없다.

　이야기가 딴 데로 샜다. 아무튼 그래서 아기체육관을 대여해 놓고도 잘 쓰지 않았는데, 2개월 돌입 기념으로 한번 뉘어 봤더니 어머나 세상에 신이 나버린 것이다. 지켜보던 엄마 아빠도 덩달아 신이 나버리고 말았다. 신나거나 흥미로울 때 입을 쭉 내미는 표정도 폭발. '끙' '아' '오' 부터 시작해 '유후' '야하' '이얍' '야잇' '어머나' '귀여워드' 따위의 감탄사가 쏟아지는 시간이었다. 그래 그렇게 씩씩하게 자라렴.

침 코 눈물
원더윅스를 보내고 난 뒤

우리 아기는 임신 38주 0일에 태어났다. 그날 아침 몸에 이상을 느낀 엄마가 혹시 몰라 병원에 갔는데, 설명을 들은 의사 선생님이 그 자리에서 응급 제왕절개를 결정해버렸다. 졸지에 엄마는 당일 입원해 다섯 시간 뒤 수술을 받았다.

즉 교정 주수로 생각하면 40주를 꽉 채우고 태어난 아기들보다 신체 변화의 속도가 2주 정도는 늦는다는 결론이 나온다. 그러다 보니 흔히 말하는 '원더윅스(wonder weeks)'도 조금 느지막이 찾아옴. 이제 64일을 넘어 9주 차에 들어선 주말이었다. 아기는 엄빠에게 이틀간 큰 곤란함을 안겨주었다.

나는 한 번도 보지 못했지만, 아기 엄마 말에 따르면 아기가 잠을 푹 잔 뒤 눈을 떴을 때 '엥, 여긴 어디, 나는 누구'라는 표정을 지을 때가 있었다고 한다. 기억나지 않던 5, 6주 차 언제쯤 한 번 그랬고, 63일 차였던 금요일에도 그랬다고 했다. 우리끼리는 농담으로 "아기 펌웨어가 업데이트됐다"고 표현했는데, 알고 보니 이게 흔히 말하는 원더윅스가 아니었나, 하고 생각한다.

아기의 정신적 성장을 시기별로 다룬 책 『엄마, 나는 자라고 있어요』[2]에 따르면 7~9주 차에 맞이하는 원더윅스는 '패턴의 세상'이라고 해서 밤낮의 구별과 주변에 대한 관심이 시작되는 시기라고 한다. 자기 손발도 발견하게 된다고 한다.

사실 아기가 며칠 전 손발을 다루기 시작했는데, 그때 눈치를 채지 못했다. 암튼 완전히 새로운 경험을 하게 됐으니 신이 난 건지, 어쨌는지 잠을 자지 않으려 칭얼칭얼대기 시작했다.

문제는 이 시기와 동시에 아기의 코막힘이 시작됐다는 것. 아기들의 코막힘은 자연스러운 것이다. 또 어딘가 새로운 신체기관이 작동하기 시작했다는 근거일 것이다(물론 6개월도 되지 않은 아기가 감기에 걸렸다면 상황이 다르다). 그렇지만 그렁그렁 소리에 밥을 먹을 때도 잠을 잘 때도 숨을 쉬지 못해 힘들어하는 모습에 부모는 그저 전전긍긍할 수밖에 없다.

---

[2] 헤티 판 더 레이트, 프란스 X. 프로에이 등. 『엄마, 나는 자라고 있어요』. 북폴리오, 2007.

새로운 변화에 코까지 막히며 분유까지 제대로 못 먹게 되자, 아기는 시도 때도 없이 칭얼대고 눈물을 쏟기 시작했다. 콧물을 빼주고, 어떻게든 먹여 보자며 온 방법을 다 동원한 엄마 아빠도 결국 지쳐버려 주말 내내 진이 빠져 버렸다. 집안 분위기는 가히 육아 막장 수준이 돼버렸다.

여기에 엄빠를 충격에 빠지게 한 일은 또 있었다. 알고 보니 지금까지 분유를 잘못된 방법으로 타 주고 있었던 것. 분유 제조사의 설명서를 제대로 읽지 않아 분유를 지나치게 되직하게 타고 있었던 데다, 충분히 흔들어 주지도 않아 제대로 녹지도 않은 걸 먹이고 있었음. 아기 처지에서 생각해보자. 안 그래도 코가 막혀서 먹으면서 숨을 쉬기가 쉽지 않은데 입으로 미숫가루 같은 게 넘어온다고 생각해보라. 휴, 엄빠는 서로를 바라보며 '우리가 죽일 놈'이라고 한껏 자책을 했다.

어쨌든 아기는 시간이 지날수록 점차 안정을 되찾아 가고, 나중에는 쪽쪽이 대신 자기 손을 찹찹 입에 가져가는 주먹고기 타임을 선보여주시며 훈훈하게 주말을 마무리했다. 하지만 월요일에 엄빠 모두 앓아 누웠다는 게 함정. 오늘의 교훈. 모든 아기 관련 물건은 사용설명서를 꼼꼼히 읽어야 한다.

홀아비란 이런 느낌?
폐렴구균 예방접종을 다녀오다

홀아비. '아내를 잃고 혼자 지내는 사내'.

참으로 처연하면서도 구시대적인 호칭. 과거에는 아기에게 먹일 모유도 분유도 없어 젖동냥을 다니는 불쌍한 아빠들이었을 테니 홀아비는 애잔함의 대명사였음이 당연하다. 그러나 현대사회에서는 모유가 없으면 분유로 살면 되니, 홀어머니에 비해 그리 불쌍할 것도 없다.

또 뜬금없이 진지해 보자면, 심지어 '동성 커플 가정의 아이는 이성 커플 가정의 아이와 비교했을 때 행동 양상, 활동성, 정신건강에 유의미한 차이가 없으며, 행복도와 가족 단합력에서는 더 높은 점수

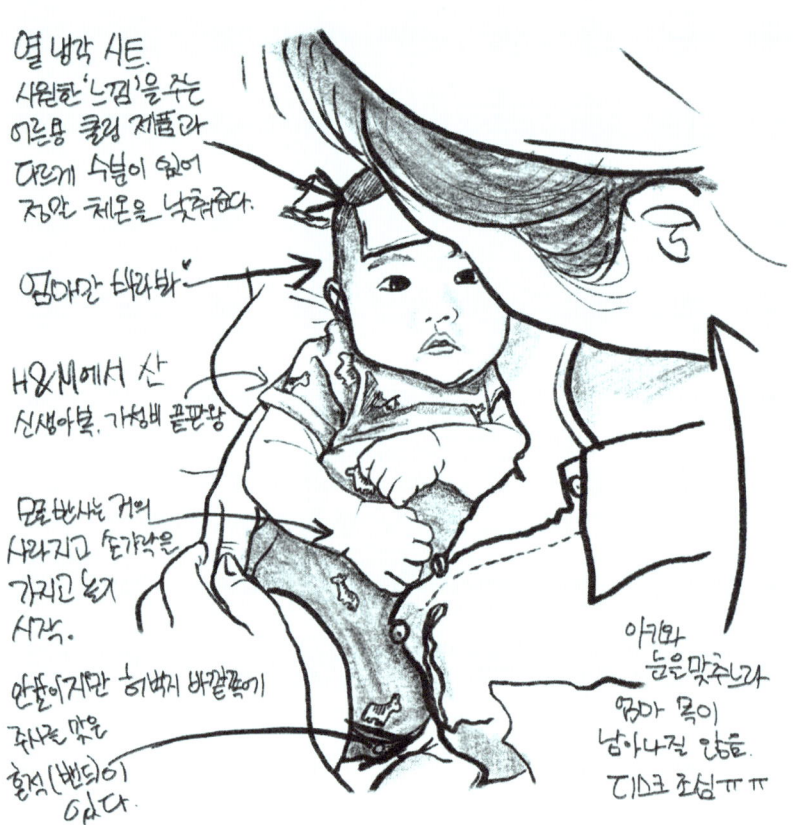

를 기록했다'는 연구결과도 있다. '엄마가 없으면 불쌍해'라는 건 다소 근거 없는 소리가 돼 버렸다.

하지만 뭐 이런 객관적이고 논리적인 분석과는 달리 사회 인식은 쉽게 바뀌지 않는 법. 아이가 70일을 넘은 지난주 토요일, 아빠는 이런 사회 인식을 온몸으로 느끼는 짧고 강렬한 경험을 했다.

이날 소아과와 함께 내과 검진을 예약한 엄마. 병원 4층으로 향했고, 아빠는 아기와 함께 2층 소아과로 향했다. 아기띠를 엉성하게 맨 아빠는 빨리 진료를 받고 싶은 마음에 아기를 한쪽 팔에 안은 채로 진료 접수를 시작했다. 그러나 체중과 열을 재고, 예방접종 문진표 작성을 하려다 보니 손이 모자라기 시작했다. 결국 아기를 아기띠에 다시 넣으려고 시도했는데, 사달이 나버렸다. 잠을 깬 아기가 칭얼대기 시작하더니 급기야 울음을 터뜨린 것이다. 이전에도 썼지만, 우리 아기 목청 월드클래스다.

순식간에 접수 데스크 인근에 있던 20여 명의 직원, 엄마, 아빠, 아기의 이목이 내게 집중됐다. 우리 아기는 자다가 깨면 다시 자기 위해 울면서 잠투정을 하는 때가 많았다. 그 잠투정이 시작된 것이다. 1, 2분 남짓한 짧은 시간이지만 엄마에 비해 스킬이 떨어지는 아빠는 당황해버리고 말았다. 가장 큰 무기인 쪽쪽이는 엄마가 들고 가 버렸다. 아기를 달랠 무기가 없어진 상황에 아빠는 패닉에 빠져버렸다. 등줄

---

3) Crouch et al. 2014, "Parent-reported measures of child health and wellbeing in same-sex parent families: a cross-sectional survey."

기로 식은땀이 흘렀다.

　아빠를 바라보는 다른 엄빠의 표정은 '저기는 아빠가 혼자 왔나 봐', 할머니들의 표정은 '에구 불쌍한 홀아비'… 심지어 24개월쯤 되어 보이는 한 아가는 내게로 다가와서 우리 아기를 바라보며 '내가 도와줄까?'라는 표정을 지었다. 아이의 선의 가득한 표정이 잊히질 않는다. 꺼이꺼이 네네 제가 이 구역의 홀아비입니다….

　겨우겨우 아이를 달랠 수 있었지만 이미 '땀범벅+헝클어진 아기띠+아무리 봐도 아빠와는 안 어울리는 가죽 기저귀 가방'으로 된 3단 콤보를 선보이는 아빠의 몰골은 또 한번 이목을 끌기에 충분했다.

　다행히 울음소리가 4층까지 갔는지 내과에 갔던 엄마는 쪽쪽이를 전달해주러 2층으로 내려왔다. 나를 바라보던 시선들은 '에이 뭐야' '재미있는 구경거리 놓쳤네' 하는 기류와 함께 다시 원상 복구되었다. 짧은 홀아비 체험의 시간은 그렇게 지나갔다. 아, 또 하나 있다. 진료하던 소아과 의사가 "어머 아빠가 오셨네요"라며 놀랐는데, 정작 진료를 할 때는 '엄마'라고 나를 불렀다.

　이날 예방접종은 폐렴구균 관련. 폐렴구균은 세균 감염 질환의 원인 중 하나로 관련 감염증 원인의 약 60%를 차지한다고 질병관리본부는 설명한다. 흔히 폐렴뿐만 아니라 부비동염(축농증), 중이염, 뇌수막염 따위의 증상이 나타나게 된다. 축농증도 폐렴구균에 의한 것일 수 있다는 데 살짝 놀랐다.

아무튼 이 예방접종 뒤에는 아기가 열이 날 수 있는데, 이에 대비하기 위해 아세트아미노펜 계열의 약을 구매해야 한다. 복용 기준은 (약국 피셜) 귀에서 잰 체온이 섭씨 38도를 넘을 경우다. 복용량은 몸무게 곱하기 0.4, 복용 간격은 4시간. 이렇게 해도 하루 이상 열이 내리지 않으면 병원을 찾아야 한다.

> **Tip 3**
>
> ### 해열제 정확히 알자
>
> 신종 코로나바이러스 감염증(코로나19)의 영향으로 이제는 전국민이 아세트아미노펜과 이부프로펜 계열의 해열제에 대한 대강의 지식을 갖게 되었지만, 부모들은 좀더 자세히 알 필요가 있다.
>
> 우리가 흔히 타이레놀이라고 부르는 아세트아미노펜 계열의 해열제는 일반적으로 열이 날 때 사용한다. 그러나 이 약이 듣지 않을 때가 있다. 이때 이부프로펜 계열, 흔히 부루펜이라고 부르는 해열제를 먹여야 한다. 이유는 염증으로 인한 발열의 경우 항염증 성분이 없는 아세트아미노펜은 한계가 있기 때문이라고 한다. 장염이나 중이염 등 염증으로 인해 열이 날 때는 이부프로펜 계열 약이 필요한 것이다.
>
> 물론 두 가지 약을 교차 복용할 때는 시간과 용량을 정확히 기억하고, 남용하지 말아야 한다. 당연하지만, 이 책은 참고만 하고 의사에게 정확히 물어보도록 하자.
>
> 우리 아기는 주사를 맞은 뒤 12시간 정도 지나면서 열이 오르기 시작했지만 다행히 38도를 넘지는 않았고, 그래도 살짝 힘들어할 것 같아 열 냉각 시트를 붙여주었다. 어른들이 흔히 쓰는 멘톨 계열의 '쿨링 느낌' 제품과 달리 실제로 체온이 내려가는 효과가 있다고는 한다.
>
> 여기에 가제손수건에 물을 살짝 묻혀 팔다리에 터치터치해주면 시원시원. 이렇게 아기 사진계의 통과의례(?)라 할 수 있는 '열 패치' 짤을 건지게 되었다.

타이밍의 예술(?)
아이가 목욕하고 푹 잔다? 그렇다면 손톱을 깎자

　속상하다 속상해. 초보 엄빠의 습관성 멘트. 얼굴의 상처를 볼 때마다 나오는 한숨이다.

　모로반사가 심한 1개월 차 아기는 혼자 몸부림을 치다 손톱으로 자기 얼굴을 찌익 긁는 일이 많다. 우리 아기도 예외가 아니어서 눈꺼풀, 콧볼, 입술 옆 등 참 다양한 부위에 꾸준히도 상처를 냈다. 물론 하루 뒤면 깨끗하게 나을 상처인 걸 알지만 그래도 부모 마음은 편치 않다. '이러다가 눈이라도 찌르면 어쩌지?' 하는 괜한 걱정이 가득하기 마련이다.

　물론 손싸개라는 아주 간단한 솔루션이 있지만, 아기가 손을 쓰

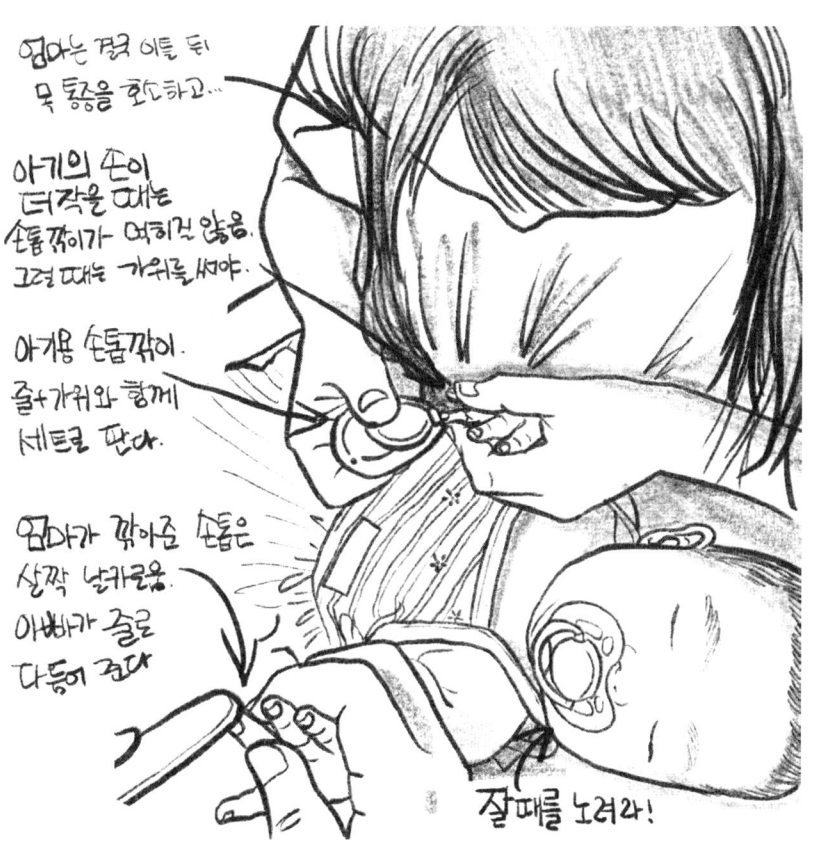

기 시작하면 아무래도 손싸개를 벗겨주고 싶은 마음이 생긴다. 결국 손톱깎기 세계로 들어설 수밖에 없다.

　손톱을 깎다 보면 아무래도 아기 손을 자세히 들여다보게 된다. 엄마도 아빠도 손이 막 길쭉길쭉 예쁜 편은 아니어서 고민이 많았는데 아기는 다행히(고슴도치 엄빠 기준) 길고 예쁜 손을 가진 듯…하다고 생각한다.

　서투른 손으로 열심히 잘라내도 아무래도 예쁘지 않은 결과물이 나오는데, 절대 네버 전혀 걱정할 필요가 없다. 아기의 손톱은 오히려 둥글게 자르는 게 더 안 좋을 수 있다고 한다. 예쁘게 자르겠다고 성인처럼 둥글게 자르면 내성 손발톱으로 이어질 수도 있다고 한다.

　아기 손톱깎이 세트는 주변에서 쉽게 구입할 수 있다. 손톱깎이, 가위, 줄을 세트로 판매하는데 아기가 너무 작을 때는 손톱깎이가 잘 들지 않으므로 세트로 사는 게 좋아 보인다. 일단 손톱은 목욕을 해 말랑말랑할 때, 아기가 곤히 잠들었을 때를 잘 노려야 한다. 그렇지 않으면 워낙 버둥대는 통에 서로 힘든 상황이 벌어질 수 있다.

　통상 3개월 이하 아기는 손발톱이 빨리 자라기 때문에 일주일에 두 번은 잘라주는 편이 좋다고 한다. 아무래도 아빠보다는 엄마가 손톱에는 더 익숙(?)해 엄마가 집도하고 아빠는 줄을 들고 보조하는 역할이다. 손톱을 일단 일자로 죽 잘라낸 다음 뾰족한 부분을 살짝 다듬어주면 끝. 아기야, 깨지 말고 쿨쿨 잘 자라.

아빠 단독 10시간 육아 후기
아기도 울고 나도 울고 눈물 젖은 바나나도 울고

솔직히 말하면, 아빠는 퇴근해서 집에 들어올 때마다 작은 불만이 있었던 적이 있다. 예를 들면 이런 것이다.

'쓰레기통이 이렇게 꽉 찼는데 왜 비우질 않았지? 시간 날 때 아기 빨래를 한 번만 돌리면 좋았을 텐데…'

혼자 집에서 아기를 돌보느라 여유가 없다는 걸 머리로는 알았지만, '그래도…' 하는 마음이 있었던 것이다. 그러나 이 모든 것이 턱도 없는 소리였다는 것을 아빠는 문득 깨닫고 말았다. 주말 10시간 단독 육아를 한 지 8시간 만에 깨달아 버린 것이다.

그날은 토요일이었다. 엄마는 정말 중요한 일이 있어 오후 2시에

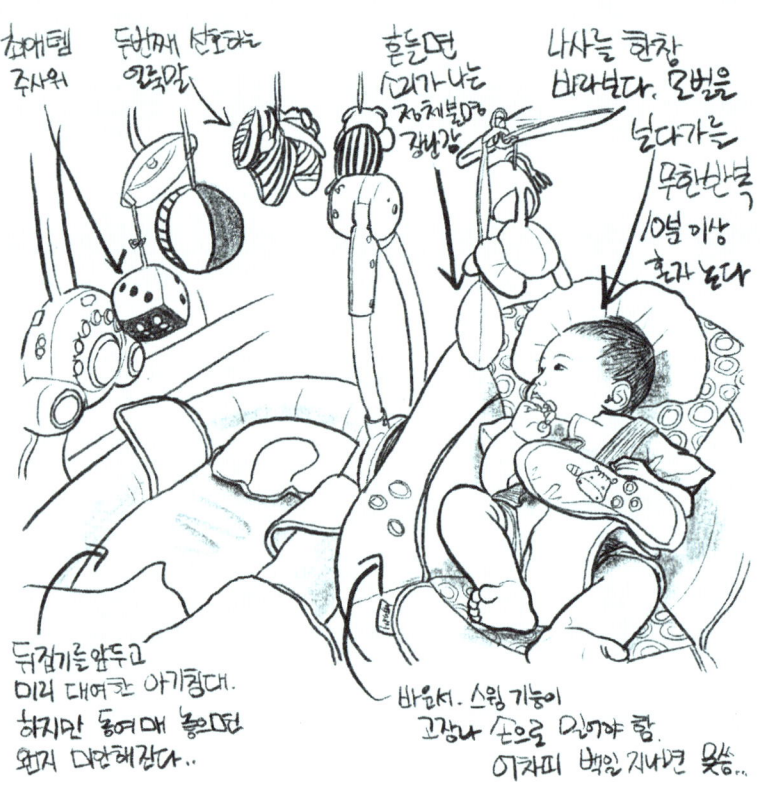

외출을 했다. 아빠는 "걱정 말라"며 아내를 보냈다. 혼자 남았지만 자신감이 넘쳤다.

처음에는 괜찮았다. 아기는 분유도 잘 먹고, 잠도 잘 잤다. 그러나 오후 6시가 넘어가자, 그야말로 혼신의 힘을 다해 칭얼대기 시작했다. 칭얼대다, 잠시 쉬었다, 칭얼대다, 잠시 쉬었다, 울부짖다가, 잠시 쉬었다, 무한 반복.

배가 고픈가? 해서 수유 텀보다 30분 빨리 분유를 물렸지만 $40ml$만 먹고 젖병 꼭지를 퉤 뱉었다. 도로 물려보았지만 또다시 칭얼대기 시작.

아빠는 슬슬 멘붕이 오기 시작했다. 아빠의 저녁은 두유 하나, 바나나 하나, 약과 하나. 아기 옆에 쭈그리고 앉아 5분 만에 먹었다. 여기까진 그나마 참을 만했다. 문제는 오후 8시부터였다. 잠깐 잠을 자는가 했더니 이내 깨어나 칭얼 칭얼 칭얼 칭얼…. 가슴에 안고 온 집안을 돌아다녀야 조용해졌다. 잠이 든 듯해 내려놓으면 1분 만에 잠을 깼다. 이어서 눈물을 쏟으며 울었다. 낮에는 그렇게 열심히 보던 모빌도 본체만체했다. 바운서에 뉘어도 울음을 그치질 않았다. 이유를 알 길이 없다.

결국 아빠는 2시간 동안 아기를 들고 온 집안을 걷고, 소파에 아기를 안고 앉아 있어야 했다. 이른바 '등센서'가 없는 우리 아기가 왜 이러지? 알 길이 없었다. 기저귀를 갈기 위해, 역류방지 쿠션에 놓으려 아기를 들었다 내려놨다를 반복했더니 허리가 뻐근해졌다.

　소파에 앉아 있는데 아기가 또 칭얼댔다. 내려놓은 지 1분 만에. 아빠는 가슴속에서 '욱' 하고 무언가 올라오는 느낌을 받았다. 인상이 찌푸려졌다. 아기를 향해 "도대체 원하는 게 뭐냐!"라고 쏘아 붙이고야 말았다. 아기가 흠칫하는 표정을 짓자 아빠는 그제야 깜짝 놀랐다.

　하지만 이미 엎질러진 물. 미안함과 죄책감과 스스로에 대한 실망감이 뒤엉켰다. 서러운 초등학교 남자애처럼 눈물이 뚝뚝 흘렀다. 그러다 문득 깨달았다.

　아내는 이런 일상을 혼자서 하루에 10시간씩 매일 보내고 있었다.

　생각해보니 그랬다. '아내가 힘들다'는 건 머리로는 알고 있었다. 그러나 정작 아내의 마음을 헤아리지는 못했다. 하루 종일 어떤 감정을 느끼는지, 왜 쓰레기통을 비울 시간이 없었는지, 왜 밥도 안 챙겨 먹고 있는지, 왜 퇴근한 나를 보고도 웃지 않는지 말이다.

　10시간의 짧은 '홀로 육아'를 통해 진짜 부부가 함께하는 육아를 실천하기 위한 작은 깨달음을 얻을 수 있었다. 부부 공동육아의 첫걸음은 어쩌면 대부분의 팀워크 활동의 원칙과 크게 다르지 않았다. 바로 엄마와 아빠가 서로를 진정으로 이해하고 가슴 깊이 공감하는 것이 첫걸음이다. 눈물 젖은 바나나를 먹으며 비로소 깨달은 것이었다.

어디서 고개를 빳빳이 들어?
고맙게스리(ㅠ)

생후 80일이 넘어가면서 몸 곳곳에 힘이 들어가기 시작했다.

가장 눈에 띄는 것은 역시 목인데, 신생아 때 휘청대는 목을 보며 어쩔 줄 몰라 했던 걸 생각하면 그야말로 장족의 발전.

아기가 몸에 힘이 들어가면 이전에는 할 수 없었던 몇 가지 자세(?)를 취할 수 있게 되는데, 먼저 아기를 수직으로 안을 수 있게 된다. 가로로 뉘어 들고 다녔을 때보다 한결 편하고 아기도 세상을 바로 보니 기분 좋은 모양이다. 목욕을 시킬 때도 목이 휘청거릴까 전전긍긍하지 않아도 된다는 것도 장점이다.

아기는 다리와 팔, 손가락에도 점점 힘을 주기 시작했다. 손가락은

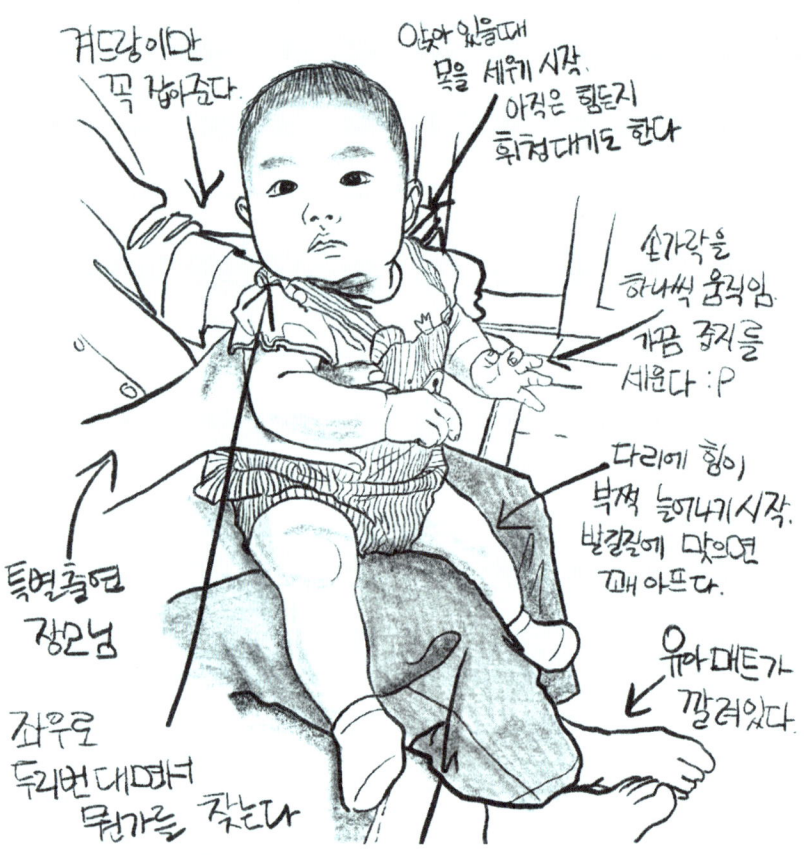

원래 다섯 개를 한꺼번에 쥐었다 폈는데 이제는 하나씩 오물조물 폈다 접는다. 가끔 아빠를 향해 가운뎃손가락을 날린다는 점이 웃음 포인트다. 다리에도 힘이 들어가 뻥뻥 차는 힘이 생긴다. 아기를 살포시 들고 있으면 마치 설 것처럼 다리에 힘을 주고 버티고 선다. 이제 온몸에 힘이 들어가면 차츰 뒤집기 연습을 할 때가 다가오는 것이라고 봐도 좋다.

그러나 무엇보다 강력한 심쿵 포인트는 역시 '옹알이'. 한 글자가 두 글자로, 두 글자가 세 글자로 늘어날 때의 즐거움이 엊그제 같은데, 이제는 본격적으로 다양한 톤과 크기의 옹알이를 시작.

부모가 계속 대답해주면 자기도 신나서 '아우' '에구' '아부아' 하는데 마치 대화하는 기분이 든다. 아기와 정말 대화를 하는 날엔 얼마나 더 큰 희열이 찾아올까, 하는 생각을 매일처럼 했다.

많은 시간이 지난 지금 우리 딸은 내게 "아빠 저리 가" "아빠 자리로 가" 한다. 가끔 말 못하던 때가 그립지만, 그래도 물론 말을 하는 지금의 아이가 더 귀엽고 예쁘고, 마음도 편하다.

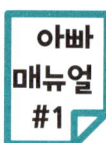

아빠도 아기를 잘 돌보고 싶습니다만

아빠 육아 속성 코스 개발 방법

퇴근 뒤 집에 들어오자마자 샤워를 한다. 몸과 마음(?)을 단정히 한 뒤 하루 종일 고생한 아내를 도우러 나선다. 아이를 안아 올렸는데 금세 칭얼대기 시작하더니 이내 울음을 터뜨린다. 아빠는 당황한다. 표정을 보니 뭔가 단단히 짜증이 났는데 이유를 알 길이 없다. 보다 못한 아내는 아이를 빼앗아(?) 간다. 아빠는 허탈하다.

손을 덜어주러 저녁 약속도 마다하고 하던 일도 놓아버리고 왔는데 완전히 무시당한 기분이다. '일찍 퇴근해봐야 뭐하나' 싶은 마음에 살짝 삐뚤어지고 싶어진다. 아기 보는 데 도움이 안 되니 빨래하고 젖병이나 닦으라고 엄마는 닦달을 한다. 결국 두 사람 모두 험난한 저

녁 시간이 이어진다.

아직 돌이 되지 않은 아기를 키우는 집이라면 한두 번은 겪었을 법한 상황이다. 우리 집에서도 종종 벌어지곤 한다. 며칠 전에도 퇴근한 뒤 무리해서 터미 타임을 하다가 아기를 크게 울리고 말았다. 짜증을 얼마나 내는지… 아내에게 민망할 정도였다.

이런 일이 한두 번 있었던 건 아니었다. 처음에는 도무지 납득이 되질 않았다. 신생아 때부터 열심히 육아를 함께한다고 했는데 왜 나만 바보가 되는 걸까? 허탈하고 민망하고 짜증도 나는 그 기분, 모든 아빠가 한 번쯤은 느껴봤을 것 같다.

보통 이럴 때는 남성과 여성의 뇌 구조 차이가 많이 언급된다. 엄마는 공감 우선인데 비해 아빠는 학습과 체계화를 통해 아기를 바라보기 때문이라는 것. 어떤 사람은 전통적 가장 노릇을 하던 부친의 모습을 무의식적으로 답습할 수밖에 없는 아빠들의 성장 배경 때문이라고 한다. 아기를 안아주기보다는 훈육하는 법만 배웠기 때문에 서툴 수밖에 없다는 것.

소아청소년과 전문의, 육아 전문가들이 내놓은 진단이니 틀리지는 않았을 것이다.

그런데, 내 생각은 약간 다르다. 생각해보면 이렇게 깊게 고민할 필요가 없는지도 모른다. 좀 더 단순하게 생각해보자. 아빠가 엄마보다 육아 센스가 떨어질 수밖에 없는 이유는 매우 간단한 것일지도 모른다. 전문가들의 글과 내 경험을 종합해보면 그 이유는 이렇다.

첫 번째, 절대적으로 경험치가 적다

아빠가 (혹은 엄마가) 출퇴근을 하고 있다면, 평일을 기준으로 만 하루 동안 아기를 만나는 시간은 자는 시간을 포함해도 기껏해야 12시간 미만이다. 그나마도 12시간 중 대부분은 수면 시간이고, 실제로 얼굴을 마주칠 수 있는 시간은 서너 시간에 그친다. 같은 사무실에서 일하는 직장 동료보다 얼굴을 보는 시간이 적은 것이다. 당연히 주양육자에 비해 아기의 표정과 신호를 읽는 능력이 떨어질 수밖에 없다.

생후 100일을 전후로 아기는 의사표현이 점차 뚜렷해지기 시작한다. 언어로 표현하지는 못하지만 미세한 차이로 자신이 원하는 바를 간접적으로 설명하게 된다. 여기서 '간접적'이라고 하는 이유는 대부분 의사 표현이 부정형에 가깝기 때문. '분유를 주세요'는 할 수 없지만, '쪽쪽이를 달라고 한 게 아니다!'는 가능하다.

우리 아기의 경우 80일을 전후해 분유를 먹고 싶을 때와 그냥 쪽쪽이를 빨고 싶을 때를 구별해 의사 표현을 하기 시작했다. 칭얼댈 때 쪽쪽이를 물려줄 경우, 쪽쪽이를 너덧 번 빨아보고 '뭔가 나오는' 느낌이 없으면 손등으로 쪽쪽이를 뽑아낸다. 그리고 다시 칭얼댄다. 이럴 경우 보통은 배가 고프다고 해석된다.

아기는 이런 자신만의 신호를 많이 가지고 있다. 그러나 이 신호는

뚜렷하기보다는 미세하다. 예를 들면 똑같이 울음소리를 내더라도 눈물이 날 때가 있고 안 날 때가 있다.

문제는 이걸 하루 종일 관찰하는 엄마와, 기껏해야 하루에 네 시간 동안 아기를 보는 아빠가 같은 해석 능력을 갖출 수 없다는 것이다. 이것은 선천적이라기보다는 경험치의 문제 아닐까?

주양육자가 아닌 아빠가 엄마와 동일한 수준의 육아 능력을 갖추길 기대하는 건 지나친 욕심이다. 하다 못해 온라인 게임을 해도 하루에 10시간을 게임한 사람과 하루에 4시간을 한 사람은 경험치와 노하우가 다를 수밖에 없는데, 그보다 더 높은 집중력이 필요한 육아는 말할 것도 없다.

두 번째, 아기의 리듬을 알 길이 없다

주양육자가 아닌 아빠는 최소 두 개의 공간을 가지고 생활한다. 회사와 집이다. 현관문을 열고 들어오는 순간 '모드 전환'을 하더라도, 아빠는 집이라는 공간에 금세 적응하기 어렵다.

저녁 모임에 뒤늦게 도착한 사람의 심정을 생각하면 쉽다. 어떤 사람이 모임에 서너 시간 늦었다고 해보자. 이 사람의 할 일은 뻔하다. 눈치를 보면서 분위기를 읽어야 한다. 내가 없는 서너 시간 동안 이들이 무슨 얘기를 했는지, 분위기는 어땠는지 파악해야 적절히 대응할 수 있기 때문이다.

아기와 엄마가 있었던 공간도 마찬가지다. 아기가 하루 종일 어떤 상태였는지 아빠는 알 길이 없다. 하루 종일 잠을 잘 자서 컨디션이 너무 좋은 상태인지, 낮잠을 못 자서 짜증이 머리 끝까지 올라 있는 상태인지 어떻게 알 수 있을까? 변은 잘 봤는지, 낮에 땀을 너무 많이 흘리지는 않았는지, 외출을 했었는지, 외출이 고되지는 않았는지, 알 길이 없다.

그렇지만 퇴근한 아빠들은 대체로 마음이 급하다. 뭐라도 돕겠다는 마음에 섣불리 아기를 들어 올리고 놀아주려고 한다. 그런데 만약에 아기가 하루 종일 잠을 못 자 피곤해하고 있었다면? 단박에 울고 말 것이다. 아빠가 아기를 못 보는 것이 아니다. 그냥 상황이 그런 것뿐이다.

현실적으로 아빠가 육아휴직을 하거나 엄청난 수준의 탄력근무를 하지 않는 이상 이런 조건을 바꾸는 것은 불가능하다. 그렇다면 이 간극을 어떻게 메울 수 있을까?

'말하지 않아도 아는' 건 없다

일단 엄마의 역할을 얘기해볼까 한다. 이유는 내가 아빠니까…. 팔은 안으로 굽는다. 아전인수는 진리.

아빠가 집에 오면 엄마는 아빠에게 아기가 하루 종일 어떤 상태였는지, 수유는 몇 시간 텀으로 했고 마지막 수유는 언제였는지, 배변은 잘하고 있는지, 잠은 잘 잤는지 등을 간략하게라도 알려줘야 한다. 하다 못해 군대에서 당직 근무를 서고 교대를 할 때도 특이사항을 인수인계하지 않는가? 그 정도 수준이라도 정보를 공유해야 아기가 칭얼댈 때 배가 고픈 것인지 졸린 것인지 아빠가 더 빨리 파악할 수 있다.

요즘은 부부가 함께 아기의 하루 상황을 공유할 수 있는 스마트폰 앱도 많이 나와 있으니 꼭 설치하고 부부가 함께 사용할 것을 권한다. 단순히 기록에 의미를 두는 것보다는 아빠가 아기의 상황을 쉽게 파악할 수 있도록 핵심 정보만을 공유하는 편이 좋을 것 같다. 너무 꼼꼼히 정리하다가는 또 별도의 스트레스 유발 요인이 될 수 있으니. 우리의 경우 수면이나 배변, 샤워 정보는 큰 의미가 없어 수유 기록만을 공유했다.

우리 부부가 쓰는 앱 베이비타임. 일일이 기록하기 어려워 수유 텀만 기록하고 있지만, 아기의 상태를 파악하는 데 큰 도움이 된다.

주말에 한두 번 아빠 주도의 일과를 만들자

아빠도 아이의 하루 컨디션이 대략 어떤 식으로 흘러가는지 알고 있을 필요가 있다. 평일에 아빠가 아기를 만나는 시간은 보통 저녁이다. 아기가 이미 잘 준비를 하는 시간. 놀아주려고 해도 시큰둥하거나 짜증을 낼 가능성이 크다. 통으로 쉬는 주말을 활용해 하루 종일 아기가 어떤 리듬으로 생활하는지 알 필요가 있다. 그래야 중간에 끼어들더라도 큰 걸림돌 없이 적응(?)할 수 있다.

아빠가 주도하는 일과 시간에 아기가 아침에 눈을 뜰 때는 컨디션이 어떤지, 몇 분 정도 놀고 난 뒤에 잠이 드는지, 발달 상황은 어떤지, 무슨 장난감을 좋아하고 지루할 때는 어떤 표정을 짓는지 등 아기의 패턴이 어떤지 파악하는 데 중점을 두는 게 좋다. 힘들겠지만 별 수 없다. 시간을 투자해 자연스럽게 익힐 수 없다면 집중력을 높이거나 두 배의 노력을 하는 수밖에 없지 않은가? '아기를 공부한다'는 생각으로 좀 더 신경을 써서 열심히 관찰할 필요가 있다.

엄마는 뭘 해야 할까? 아빠가 아기와의 접촉점을 최대한 늘릴 수 있도록 돕는다. 외출하는 것도 한 방법이지만, 만약 '너도 한 번 개고생 해봐라'는 심정으로 집을 훌쩍 떠나버리는 것은 오히려 역효과일 것 같다. 아빠를 당황하게 해 학습 효과가 떨어지고 거부감만 커질 것이다. 엄마는 자질구레한 분유 타기, 젖병 씻기, 기저귀 치우기 같은 일을 도와주고, 아빠가 힘들어할 때마다 옆에서 아기가 왜 저러는 것인지 설명해주자. 아빠의 학습 속도가 훨씬 빨라질 것이다.

KBS 예능프로 '슈퍼맨이 돌아왔다'에서 한 남자 배우가 딸과 함께 나왔던 방영분을 유독 열심히 봤던 기억이 난다. 프로그램 속에서 이 배우는 딸의 진짜 모습을 제대로 알지 못하는 자신의 모습을 반성하는 데 많은 시간을 쓴다. 자신의 딸만 갖고 있는 의사소통 방식을 깨닫기도 한다. 그러면서 스스로도 한 단계 성장해 나가는 모습을 보여준다.

어쩌면 요즘 아빠들도 비슷한 모습일지 모른다. '나도 잘하고 싶은데, 시간과 여건은 허락을 안 하고, 막상 해보겠다고 나서면 아이만 힘들게 하고 상처만 주는 것 같다'고 자책하고 있을지 모른다. 첫술에 배부른 일은 없다. 일만 공평하게 나눈다고 부부가 평등한 육아가 되는 것도 아니다. 부부가 함께 끌고 당기며 함께 가야 하는 것 아닐까?

가장 중요한 것은 '집에서 애만 보는 너보다 투잡 뛰는 내가 더 힘들다'거나, '밖에서 밥도 먹고 커피도 마시면서 일하는 너보다 하루 종일 집에 갇혀서 쉬지도 못하는 내가 더 힘들다'는 비교하기 습관을 버리는 게 아닐까? 사실 그냥 둘 다 힘든 것이다.

PART
02

하루가 너무 긴데 너무 짧다

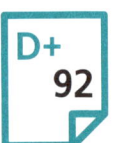

사진을 올려도 믿지 않을 걸
단언컨대 상위 1% 셀프 백일 기념사진

100일 사진의 특징이라면 아무래도 아기의 애매모호한 포즈 아닐까?

100일 아기는 아직 고개를 제대로 가누지 못하다 보니 보통 옆으로 갸우뚱하거나 앞으로 푹 숙이고 있거나 이도 저도 아니라면 삐액 울기 직전의 불편한 사진이 대부분이다. 전문 포토그래퍼를 쓰는 경우도 없으니 제대로 된 사진 건지기가 쉽지 않다.

그런데, 이게 무슨 일인가? 부모보다 더 전문 모델 같은 포스로 사진을 찍어버리고 만 것이었다. 고개가 정확히 바로 선 것은 물론, 표정마저 부처님 미소로! 엄마 아빠의 스마트폰 배경화면으로 직행한 것

은 물론, 하루에도 몇 번씩 들여다보며 흐뭇해하는 대상이 됐다(사실 찍은 사진 모두가 갸우뚱, 퓩, 빼액, 어리둥절이었는데 정말 딱 한 장 순간 포착으로 건진 것).

그림만 봐서는 호들갑이다 하겠지만, 레알이라는 점. 비결은 모르겠다. 그냥 많이 찍으라는 것? 디지털시대 촬영의 미덕 아닌가? 그러다 보면 한 장 건지게 될 것이다.

요즘은 셀프 100일 촬영 소품 대여 업체가 워낙 많다 보니 포털사이트나 SNS를 통해 충분히 살펴본 뒤 결정하면 된다. 가격도 5만 원대에서 15만 원까지 천차만별. 드레스, 테이블, 의자 등이 필요하다면 이런 소품도 함께 빌려주는지 확인하면 도움이 될 것 같다.

다만, 인기 있는 세트는 예약이 밀린 경우가 많으니 미리 판매자에게 확인한 뒤 결제해야 한다는 점! 이런 과정을 거치다 보면 '그냥 스튜디오 갈 걸…' 후회가 들기도 한다. 하지만 복작복작 준비하는 과정이 쏠쏠한 재미.

아기의 100일은 부모에게 어떤 의미일까. 현대 의학이 본격적으로 발달하기 전에는 '살아남았다'는 기쁨의 의미였다면, 요즘은 '통잠'으로 다가가는 기대감에 의미를 두는 듯하다. 혹은 육아에 아주 조금 익숙해진 부모들이 여유로움(?)을 드러내는 시기이기도 하다. 물론 발달 단계로 보면 3개월이라는 중요한 시기를 지나는 만큼 터닝 포인트라는 의미도 있다.

뭐 어쨌든 그런 의미 부여를 떠나 100일 동안 잘 커준 아기에게도, 100일 동안 잘 견뎌준 나에게도, 부인에게도 고생했다고, 감사한다고 전하면 어떨까?

하루하루가 달라 기특한 너

D+95

아빠는 좀 아쉽지만 괜찮아

"사진 많이 찍어 놔, 영상도 많이 찍고. 하루하루가 얼마나 다른지 몰라~ 시간도 엄청 빨리 가고."

석 달 전, 아빠가 됐다는 사실을 주변에 알리자 열의 다섯은 저런 말씀을 덕담으로 건넸다. 고마우면서도 갸우뚱할 수밖에 없었다. 아니, 하루하루가 빨리 지나야 아기가 통잠도 자고 말도 하고 사람 구실을 하는 것 아닌가? 그런데 시간이 빨리 가니까 그 시간을 소중히 하라니. 덕담인지 놀림인지 알 수가 없었다. 실제로 아기를 산후조리원에서 집으로 데려오고, 밤에 두 번씩 깨는 나날이 이어질 때는 도무지 그 말이 이해되지 않았다.

그러나 이제 그 뜻이 뭔지 안다. 아니 정확하게 말하면 정말로 아기가 '하루하루 달라지기' 시작했다. 3개월 아기의 성장이란 정말 예상보다 많이 빠르다.

일단 본격적으로 몸에 힘이 들어가면서 몸을 가누고 다루는 능력이 일취월장했다. 터미 타임을 하면 어제는 고개를 '까딱' 들었던 아기가 오늘은 '번쩍' 든다. 그 다음 날은 '번쩍 들고 두리번' 댄다. 그리고 그 다음 날은 '번쩍 들고 두리번대며 옹알이'를 한다.

손가락 놀림도 어제는 '까딱까딱' 하던 것이 며칠 뒤에는 물건을 만지고, 며칠이 또 지나면 아예 물건을 쥐어 버린다. 또 며칠이 지나면 쥐고 입으로 가져간다. 이 모든 것이 근 일주일 사이의 변화다. 하루하루 다른 사람 같을 정도로 빠르다. 기특할 뿐.

슬픈 것은 출퇴근하는 내 처지. 평일에는 퇴근하고 집에 오면 아기를 제대로 만날 수 있는 시간은 길어야 두세 시간. 낮에 부인이 보내준 아기의 새로운 모습을 아빠도 직접 보고 싶지만 이미 피곤한 아기는 그 면모를 살짝만 보여준 채 잠자리에 든다. 어쩔 수 없다는 걸 알면서도 아쉬운 건 어쩔 수가 없다.

별 수 없다. 레이더를 더 예민하게 세우고 아기의 하루하루 변화를 잠시 잠깐이나마 관찰할 수밖에 없다. 하루하루가 아쉬운 이런 날이 내게도 오고 만 것이다.

D+103 똑바로 앉고 싶어요
고녀석 힘이 좋구나!

우리 아기는 일반적인 발달 속도를 고려해보면 다른 아기들에 비해 신체적인 움직임에 관심이 적은 편.

보통 80일을 전후해 손과 발을 쳐다보며 관심을 가지고 만지면서 논다고 하지만 우리 아기는 100일이 다 돼서야 손을 가지고 놀기 시작했다. 시각적인 자극에 굉장히 민감했던 걸 생각하면 확실히 아기마다 관심 분야에 차이가 있는 듯하다. 빠르면 빠른 대로, 늦으면 늦는 대로 다 저마다 매력과 특징이 있는 것이니 조급해할 필요가 없다.

물론 그렇다고 가만히 앉아만 있다면 아기가 아니지! 손 쓰는 것도 정말 빨리 늘어서 며칠 만에 두손으로 쪽쪽이를 입에서 빼거나,

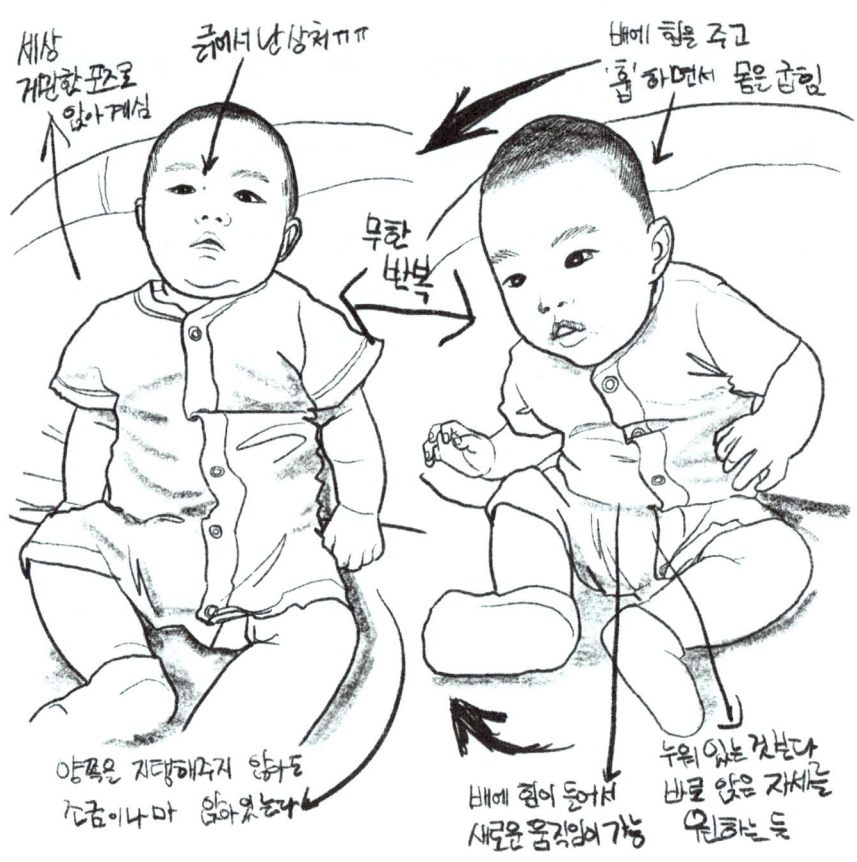

2부 하루가 너무 긴데 너무 짧다

입으로 넣어보려고 시도할 정도로 급격히 실력(?)이 늘었다. 또 몸 곳곳에 힘이 들어가 배에 힘을 주는 게 재미있는 모양이다.

앉혀 놓으면 세상 거만하게 누워있다가 싫증이 난 듯 몸을 앞으로 굽히려고 한다. 아마도 곧은 자세로 앉아 있어야 세상이 더 잘 보이기 때문이라고 추측한다. 물론 아직은 힘이 부족해 윗몸일으키기 하듯 훅! 훅! 하고 뻗대다가 균형을 잃고 옆으로 넘어가는 수준. 넘어지거나 고꾸라지지 않도록 부모가 옆에서 잘 지켜줘야 한다.

허리에 힘이 생기다 보니 조심해야 할 상황도 생기는데, 누워 있는 아기를 들어 올릴 때다. 아기가 종종 반사적으로 허리를 뒤로 쭉 펴는데 이 힘이 생각보다 강해서 어설프게 아기를 안았다가는 떨어뜨릴 위험이 있다.

아빠들은 자기 힘을 과신하지 말고, 무조건 온몸으로 꼭 안도록 하자(라고 스스로에게 이야기한다).

앉아 있는 것의 즐거움을 깨달은 아기는 참 귀엽고 기특하다. 그렇지만 반대로 누워 있는 걸 몸서리치게 싫어하게 된다는 것이 단점이다. 달랠 때도 안아줄 때도 옮길 때도 심지어 재울 때도(!) 아기를 세워서 안아야 한다. 짜증을 그렇게 낼 수가 없다. 뭐, 신생아 때 아기를 세워서 안느라 쩔쩔맸던 걸 생각하면 장족의 발전이니까, 오늘도 감사할 뿐이다.

통잠이란 무엇인가
답답해서 직접 찾아낸 팩트와 조언들

이제는 빠질 수 없는 아이템, 역류방지 쿠션 위에서 주무시고 계신 D+108 아기. 처남 집에서 은근슬쩍 들고 온 손가락 인형과 긴팔 옷 세트로 연출.

～～～～～

"통잠이란 무엇인가?"

100일을 며칠 지난 시점부터 아내가 계속해서 물어왔다. 통잠이란 말 그대로, 중간에 깨지 않고 자는 잠을 일컫는다. 보통 100일이 지나면 아기들이 통잠을 잔다고들 말한다.

그래서 우리 부부는 아기 생후 100일을 일종의 훈련소 수료 시점처럼 여겼다. 100일만 참으면 뭔가 더 나은 육아환경이 조성될 것이라고, 뭐 그런 생각을 했다. '100일이 되면 아기가 밤 9시에 잠들어서 오전 7시에 깨는 그런 세상이 열리겠구나.'

음, 아, 그런데 착각이었다. 많이 착각한 것이었다.

~~~~~~~~

우리 아기는 100일 기준으로 6시간+3시간+2시간 간격으로 수유를 하고, 밤잠을 잤다. 우리의 착각대로라면 아기는 이제 한번에 11시간을 자야 했다. 하지만 그럴 기미는 전혀 보이질 않았다. 그러기는커녕 원더윅스를 맞으며 3시간마다 깨기도 했으니 말 다했다.

고민에 빠진 엄마가 여기저기 물어보기 시작했다. 그러다 패닉에 빠져버렸다. 주변인들 왈, "우리 아기는 벌써 통잠을 자고 있다"는 것 아닌가!

그래서 관련 자료를 찾아봤다. 통잠의 기준이 사람마다 다르고, 불분명했다. 블로거나 웹페이지 자료는 대부분 퍼온 정보이거나 개인 경험이라 참고 수준을 넘기 어려웠다. '통잠이란 무엇인가' '3개월 아기는 몇 시간 통잠을 자는가'에 대한 정확한 자료는 잘 보이질 않았다.

결국 통잠이란 무엇인가, 라는 의문을 풀려면 공인된 학술 자료를

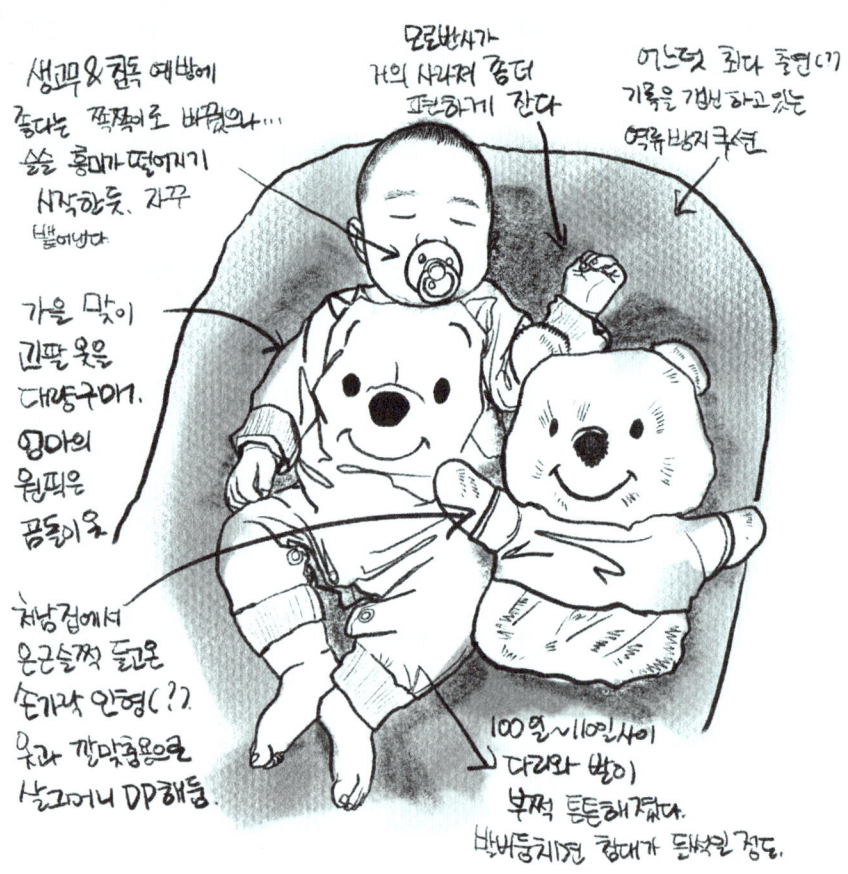

살펴보는 수밖에 없었다. 뭐 회사 다니며 배운 검색력(?)을 이런 데 써먹는 거라 위로하며 검색을 시작했다.

일단 해외 논문을 검색해보니 '영아의 수면 패턴: 생후부터 16주까지[4]'라는 논문이 많이 인용되고 있었다. 그러나 풀 텍스트 버전을 구하기가 어려웠다(사실은 유료).

그러다 1988년 나온 '생후 첫해 영아의 수면 패턴[5]'이라는 호주발 연구자료를 발견했다. 132명의 아기를 조사한 것인데, 과학적 연구결과니까 자세히 알아보자. 이 자료에 따르면 이렇다.

아기는 통상 3개월쯤 되면 통잠(sleep through the night)을 자며 6개월이 되면 대부분 통잠을 잔다. 그러다 다음 6개월은 자다 깨는 증상이 일시적으로 늘어난다고 한다. 또한 신생아가 밤에 깨는 현상은 흔히 복통(소화불량), 코골이, 기질 따위에 영향을 받는다고 한다.[6]

뭐 여기까지는 블로그 등에도 잘 알려진 내용. 중요한 연구 결과를 보면 이렇다. 1개월 아기의 경우 62%의 아기가 밤에 한 번 이상 깼다. 그러다 6개월이 되면 13%로 뚝 떨어진다. 정확한 수치가 제시돼 있진 않지만, 표를 보면 3개월도 6개월에 비해 큰 차이가 없다. 대충 계

---

4) Parmelee Jr, Arthur H., Waldemar H. Wenner, and Helen R. Schulz. "Infant sleep patterns: from birth to 16 weeks of age." The Journal of pediatrics 65.4 (1964): 576–582.

5) Eaton-Evans, J., and A. E. Dugdale. "Sleep patterns of infants in the first year of life." Archives of disease in childhood 63.6 (1988): 647–649.

6) 5)의 논문 내용에서 인용.

산하면, 6개월이 된 아기 10명 중 8~9명은 밤에 한 번도 깨질 않는다는 것.[7]

1957년에 나온 '이른 영아기 밤깸'[8] 연구도 비슷한 결론을 낸 바 있다. 논문의 표를 보면 13주 차, 즉 3개월 아기들 중 밤마다 한 번 이상 깬다는 응답은 10%대 수준이다. 하루에 두 번 이상 깬다는 응답은 거의 없는 수준.[9] 결국 이런 자료들을 토대로 판단하면 '3개월이 되면 아기가 통잠을 잔다'는 말은 대부분 사실에 가까운 것으로 볼 수 있다.

여기까지 오면 사실 부모들의 답답함이 극에 달한다. 도대체 '밤잠'의 기준은 몇 시부터 몇 시까지이며, 그래서 결국 '통잠을 잔다'의 기준은 몇 시간이냐는 것이다.

3개월 아기의 수면 시간에 대해 다시 찾아봤다. 미국의 '국립 수면 재단(NSF=National Sleep Foundation)' 자료에 답이 있었다. 대충 번역하면 이렇다.

---

7) 5)의 논문 내용에서 인용.
8) Moore, Terence, and L. E. Ucko. "Night waking in early infancy: Part I," Archives of disease in childhood 32.164 (1957): 333.
9) 8)의 논문 내용에서 인용.

> 3~6개월 아기는 수면 스케줄이 고정되기 시작한다. 그러나 그것이 당신이 기대하던 '밤새'는 아닐 수 있다. 4개월이 지나면, 아기는 아마도 (낮잠을 포함해) 하루에 12~15시간을 잘 것이다. 그리고 많은 3~6개월 아기들이 한 번에 5시간 정도를 잘 수 있게 되는데, 이것을 전문가들은 '통잠(Sleeping through the night)'이라고 여긴다.

그렇다. 100일의 기적이라는 통잠, 그것은 단지 5시간 정도의 수면 시간을 말하는 것이었다. 알고 보니 60일 정도부터 6시간을 한 방에 자던 우리 아기는 기특하고 기특한 아기였던 것이다. 심지어 100일 지나고는 원 플러스 원으로 6+6시간을 자버리는 날도 있었으니, 이런 '잠 천재(?)'가 따로 없었던 것이었다.

이런 깨달음과는 달리, 통잠이 통잠(밤새)이 아니었다는 것을 알게 된 엄마는 멘붕이 와버렸다. 아빠도 마찬가지. 그렇지만 어쩌겠는가? 결국 받아들일 수밖에 없었다.

그렇다면 대체 흔히 생각하는 '밤새' 자는 건 언제부터일까? 위에 제시했던 자료 중 마지막 자료를 보면 '6~9개월' 이후는 돼야 가능하다고 돼 있다. 돌이 되기까지 한방에 10시간 정도 자는 걸 기대할 수 있다고 한다.

그랬구나, 그랬구나. 며칠간 속만 썩이던 우리가 바보처럼 느껴지는 순간이었다. 오늘도 아기는 속도 모르고 잘만 자고 있다.

앞서 언급한 미국의 '국립수면재단'과 '베이비센터(babycenter.com)'가 제안하는 아기 수면 습관 들이기 팁을 공유하며 오늘의 고

찰을 마무리한다. 부디 수면교육, 통잠 교육, 신생아 수면 때문에 고통받는 엄빠들에게 도움이 되길 바란다(내용은 적절히 줄여서 의역했다).

> **Tip 4**
>
> ### '국립수면재단'이 제안하는 수면 교육 5대 원칙
>
> **1. 아기는 스스로를 달래는 법을 배워야 한다**
> – 아기가 잠들락 말락 할 때 뉘어라.
>
> **2. 일관된 수면 시간이 핵심이다**
> – 거의 비슷한 시간에 침실에 들게 해 줘라.
>
> **3. 장애물이 있을 것이다**
> – 부드럽게 지나가지 않는 밤들이 있을 것임(아프거나 등). 그래도 꾸준히 해라.
>
> **4. 수면 교육에 '옳은 방법'이란 없다**
> – 수면 교육에는 다양한 접근방법이 있다. 어떤 애들은 '울리기'가 먹히지만 안 그런 애들도 있다.
>
> **5. 대부분 부모가 성공하게 돼 있다**
> – 9개월 아기의 70~80%가 통잠을 잔다. 부모가 지치지 말아야 한다.

출처 : 미 국립수면재단 홈페이지(thensf.org)

Tip 5

'베이비센터'가 제안하는 아기 수면 교육

0~3개월

1. 아기가 낮잠을 자주 잘 수 있도록 해라
- 생후 6~8주 사이에, 대부분 아기는 한 번에 두 시간 이상을 깨어 있을 수 없음. 만약에 당신이 아기를 재우는 데 그보다 오랜 시간이 걸린다면, 아기는 아마도 너무 피곤해져서 잠드는 데 문제를 겪을 것임.

2. 아기에게 밤과 낮의 차이를 가르쳐라
- 어떤 아기들은 야행성임. 아마도 임신기에 뭔가 있었을 것임. 어쨌든 2주 정도가 지나면, 아기에게 밤과 낮의 차이를 알려줄 수 있음. 아기가 낮에 깨어 있을 때 최대한 교감하고 계속 놀아줘야 함. 방의 불은 항상 켜놓고, 전화소리 음악소리 같은 소음도 그냥 들려주길. 먹일 때 자꾸 잠들면? 깨워야 함. 밤에는, 아기가 깨어 있다고 해서 놀아주지 말길. 불빛과 소음 수준을 낮추고, 애한테 말 걸지 말아야 함. 그러면 아기가 '밤에는 자는 것'이라고 알아챌 것임.

3. 아기의 '피곤하다'는 신호를 찾아내라
- 눈 비비기, 귀 잡아당기기, 평소보다 더 칭얼거림 등. 이런 증상이나 다른 졸림 현상(?)이 나타나면 재우려고 노력해 봐라. 그러다 보면 아기의 하루 리듬과 패턴에 대한 육감이 생길 것이고, 아기가 낮잠 자려는 것인지 알 수 있음.

4. '취침 루틴'을 만들어줘라
- 취침 루틴은 아무리 빨라도 상관없음. 자장가, 굿 나이트 키스 등 아기가 '침대 모드'로 바뀌도록 하는 아주 간단한 신호면 됨.

5. 아기가 졸리지만 깨어 있을 때 침대에 뉘어라
- 6~8주 되면, 아기가 혼자 자도록 하는 연습을 시킬 수 있음. 아기가 졸리지만 아직 깨어 있을 때 침대에 눕히는 것이 그 방법. 이는 필라델피아 아동병원 수면장애센터의 Jodi Mindell의 제안임. 이 양반은 아기를 흔들거나 토닥이지 않도록 조언하고 있음. "아주 어릴 때는 별 상관없다고 생각하지만 아기는 수면습관을 배우고 있다. 아기를 8주까지 매일 밤 흔들어 재운다면 아기가 어떻게 이후에 다른 걸 기대하겠냐?"라고.

3~6개월

– 통잠을 자던 아기도 다시 2시간마다 깰 수 있음. 놀라지 말길. 이런 수면 회귀(regression)는 흔한 현상이고 일시적임. 사회적 능력이 발달하는 중임. 뒤집기나 앉기 같은 새로운 스킬 장착을 위해 너무 열심히 훈련하느라 꿈속에서도 이런 행동을 하다가 급 깰 수도 있음.

1. 자는 시간과 낮잠 시간을 지정하고 고정시켜라

– 어떤 애는 오후 6시부터 졸기 시작하고, 어떤 애는 8시에도 쌩쌩함. 당연히 당신 가정의 루틴도 영향을 미침. 가족 일정에 맞는 적절한 시간을 정하고 되도록이면 그 시간을 지키길. 낮잠 계획도 세우면 좋음.

2. 취침 루틴을 개발하라

– 3개월 이전에 못했으면 이제 해라. 아기를 목욕시키고, 침대로 데려갈 준비를 하고, 자장가나 침실 스토리를 들려주고, 굿 나이트 키스를 해줘라.

3. 아기의 '아침 시간'에 맞춰서 깨워라

– 만약 평소 일어나던 시간에 안 일어나면 깨워도 상관없음. 아기가 루틴을 가질 수 있도록 도와라. 같은 시간에 깨우는 건 하루 수면 스케줄을 예측하기에도 좋음.

4. 아기가 혼자서 잠들 수 있게 독려하라

– 아기도 어른처럼 밤에 몇 번씩 깨게 돼 있음. 어른은 그때마다 다시 잠드는 법을 알고 있고 그렇게 하지만, 사실 그러고 있다는 걸 기억하진 못하잖아? 밤에 살짝 깼을 때 다시 자는 능력이 핵심임. 어떤 아기는 자연스럽게 하는데, 그러지 못하는 아기도 있음. 그렇다면 가르쳐줘야지.

– 역시나 '졸리지만 깨어있을 때 자리에 눕히는' 방법이 도움이 됨. 밤에 아기가 깨는 소리를 들었더라도 달래거나 먹이기 전에 몇 분 동안 기다리지 말라. 아기가 혼자 다시 잘 수 있는 기회를 주는 것.

– 만약에 아기가 준비가 됐다고 생각하면 더 발전된 방법에 도전. '울리지 않기' '울리기' '페이딩' 등 방법이 있음.

출처 : 베이비센터닷컴(babycenter.com)

세상 어려운 일
뒤집다가 짜증 대폭발!

고개가 돌아간다. 어깨를 한쪽으로 돌린다. 다리를 번쩍 들어 유격체조처럼 한쪽으로 돌린다. 한쪽 다리가 돌아갈 듯 말 듯. 용을 쓴다. 용을 쓴다. 실패. 빼액!!!

세상에 이렇게 어려운 일이 있었을까 싶은 모습. 4개월을 넘긴 딸에게 가장 힘든 일은 바로 뒤집기다. 하루에도 몇 번을 도전하지만 결국 제 힘으로 뒤집지는 못한다.

엄마나 아빠가 손가락으로 엉덩이를 톡톡 밀어주면 그제서야 애플펜슬 굴러가듯 휙 돌아간다. 그렇게 돌아가면 어리둥절. 그래도 기특하게 코를 땅으로 박지 않고 번쩍 든다. 버둥버둥하며.

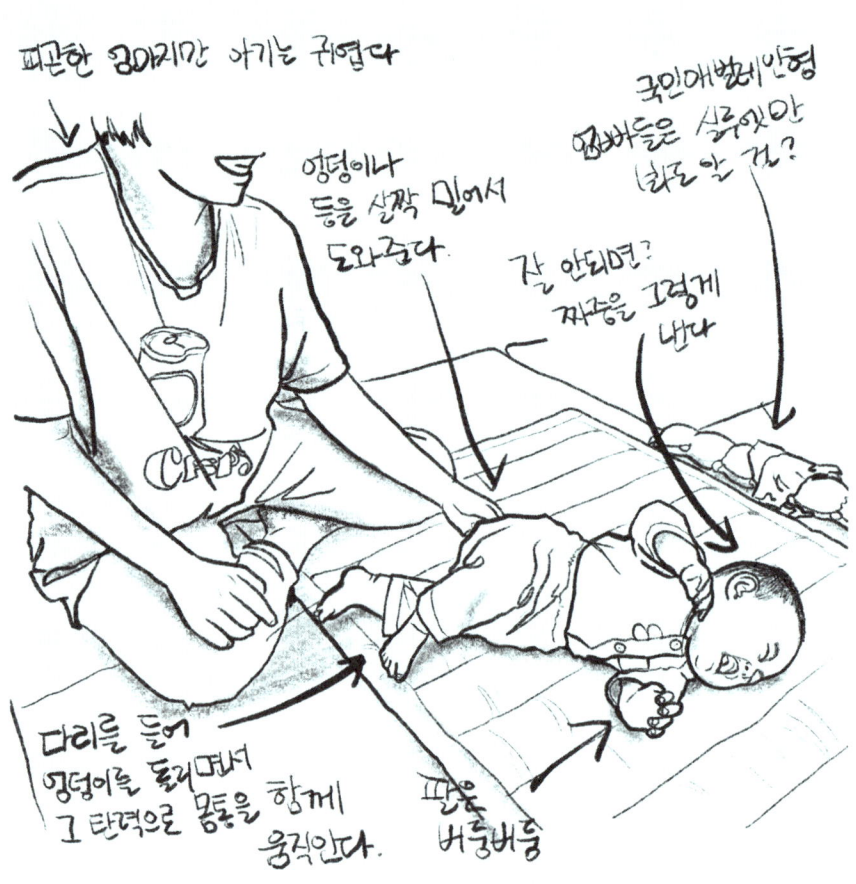

빠른 아기들은 3개월에도 뒤집기를 한다. 반면 늦는 아기는 5개월이 돼도 뒤집을 생각이 없다고 한다. 그런 걸 생각하면 빠르지도 늦지도 않은 도전. 아기가 혼자 힘으로 몸을 옆으로 90도 돌려 누웠다는 소식을 회사에서 동영상으로 접한 아빠는 그저 아기가 대견하기만 하다.

남들에게는 너무나 뻔한 일이지만 우리 가족에게는 커다란 사건이다. 아기가 돌아눕기 시작하면 침대부터 불침번(?) 개념, 놀이방까지 모든 것이 바뀌어야 하기 때문. 벌써부터 기어 다니면 어쩌나, 걸어 다니면 어쩌나 걱정이 태산이다.

내가 애정하는 '베이비센터'는 뒤집기를 '아기의 이정표'라고 표현한다. 아기는 보통 고개를 가누고, 범보(bumbo) 의자 같은 데 혼자 앉아 있을 수 있게 되면 뒤집기도 한다. 아기가 고개를 가누면서 팔로 지탱하며 어깨를 들기 시작하는데 이게 바로 뒤집기에 필요한 근육을 늘려주는 '미니 푸시업'이라고(귀여워라).

뒤집기를 촉진할 수 있는 요인(?)으로는 장난감 또는 '당신(부모)'을 꼽는다. 아기가 뒤집기를 하고 싶도록 장난감이나 부모가 시선을 유도하면 좋다는 말. 물론 TV를 켜놓으면 직방이다. 바나나차차를 볼 수만 있다면 우리 아기는 온몸을 쓰려고 야단법석을 떨었다.

모든 게 그렇지만 아기마다 뒤집는 시기도, 순서도, 관심도 모두 다르다. 기이하게 선행학습이나 조기교육에 관심이 많은 부모라면 보통 100일이면 뒤집길 바라지만 통상적으로는 4개월 때 뒤집는다고 하니 조급해하지 말자.

뒤집는 데 영 관심이 없어 힘이 있어도 6개월까지 기다리다 뒤집는 아이도 있다고 하니 조급해하지 말자. 어떤 아기는 뒤집기와 되집기를 활용해 방을 마구 돌아다니기를 즐기지만, 어떤 아이는 그냥 뒤집기를 건너 뛰어 바로 앉고, 찌르고, 기어다니는 걸로 넘어가기도 한다고 하니 조급해하지 말자.

아기가 새로운 기술을 배우고, 주변 환경을 둘러보고 탐색하고 탐험하는 데 관심을 보이는 게 중요하다는 게 이 웹사이트의 결론이다. 어떤 동작을 언제 하느냐보다 여기에 관심을 두고 아기를 살펴보자.

다만, 아기가 6개월이 돼도 앉지도 못하고 기어다니려고도 하지 않는다면 병원에 가보는 편이 좋다고 한다.

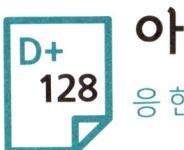
아기와 함께 첫 카페 나들이
응 한 시간 만에 귀가각

톡톡톡톡…. 아침부터 부부의 스마트폰이 바쁘다. 근처 중 어디를 가는 게 좋을까? 그곳이 혹시 노키즈존은 아닐까? 작은 카페보다는 차라리 수유실이 잘 갖춰진 백화점이 좋을까?

매일 아무렇지 않게 슝, 다녀오던 카페거리가 그렇게 낯설고 두렵다. 혹시라도 아기가 카페에서 끙, 대변이라도 보면? 안 그래도 목청 큰 아기가 평소 그랬듯 빼액, 하고 급울음 공격을 날리면? 알바생이 와서 "손님 죄송하지만, 다른 분들께 방해가 되니…" 하면 어떻게 해야지? 온갖 상상의 나래를 편다.

아기를 데리고 첫 외출을 준비하는 엄마 아빠에게는 이처럼 꽤나

큰 각오(?)가 필요한 법. 그동안 짐 싸는 데는 일가견이 생겼다고 자부하는 엄마지만, 뭔가 손이 더 바쁘다.

카페에 들어서는 순간, 부부는 안도의 한숨을 내쉬었다. 카페 입구에 6개월쯤 돼 보이는 아기와 부모님이 앉아 커피를 홀짝이고 있었다. '아 독박은 안 쓰겠구나' 뭐 이런 마음이랄까. 우리가 자리를 잡고 5분 뒤 이번에는 할머니와 부모가 돌이 안 돼 보이는 잠든 아기를 안고 매장에 들어섰다. 두 배로 안심이 됐다. 아, 이래서 아기가 많은 곳을 일부러 골라서 외출을 하나보다.

안심하고 아기를 보니 이미 표정은 은하계를 떠나 안드로메다에 들어선 우주인의 표정. 하긴 아기에게 '세상'이란 우리 집, 외할머니 집, 병원, 자동차가 전부. 그렇다면 아기에게 카페는 다른 지구, 카페에 그득한 사람들은 외계인인가? 그렇게 생각하니 아기의 마음을 조금이나마 이해할 수 있을 것 같다, 라고 생각한 것도 잠시, 울먹울먹 아기 입술이 삐죽였다. 황급히 아기를 들고 밖으로 나갔는데 아뿔싸, 주말에 외출한 젊은이들께서 소음기를 뗀 쿠페 차량을 몰고 부릉부릉 신이 나셨다.

부릉부릉 소리에 결국 아기는 울음을 터뜨리고 말았다. 결국 아기 띠를 멘 엄마가 나타났다. 울음을 그치는 데 치트키와 같은 존재다. 그제야 아기는 울음을 그쳤다.

즐거운 외출은 두 시간을 넘기지 못했다. 아직 세 시간 텀인 아기의 분유 시간이 가까워졌기 때문. 카페에서 분유까지 먹이며 시간을 연장(?)하려는 의욕은 없었다. 그래도 가을날 아기와 부부가 함께한 첫 외출은 꽤 상쾌했다. 식은땀을 너무 흘려 바람이 시원했던 것 같긴 하다.

　카페를 나오다 보니 어느새 아기가 앉아 있는 테이블이 한 곳 더 늘어 있었다. 우리 아기보다 12개월 정도는 월령이 높아 보이는 아기였다. 스냅백을 쓰고 한껏 멋을 부린 모습이었다. 우리 아기도 실내복 말고 언젠가 저렇게 여유롭게 꾸미고 나올 날이 있겠지. 우리 존재 파이팅!

아가야, 자는 게 무섭니?
엄마 아빠도 니가 자는 게 무섭다

D+137

100일이 지난 뒤 언제부터였을까. 아기는 엄마가 없으면 잠을 못 잤다.

주 양육자를 알아보기 시작했다는 수사적인 표현이 아니라, 정말 엄마가 없으면 재울 수가 없는 것이다.

아기는 침대에만 뉘면 울음을 터뜨렸다. 육아책에 있는 내용 그대로 울려봤지만 헛수고였다. 한번 자지러지기 시작하면 심지어 엄마가 달려들어도 달래지지 않았다.

그래서 나온 첫 대안이 아기띠. 엄마가 아기띠를 하고 ~쉬 ~쉬 되뇌면 낑낑 칭얼대다가도 잠이 들었다. '안아 재우는 게 좋지 않다지

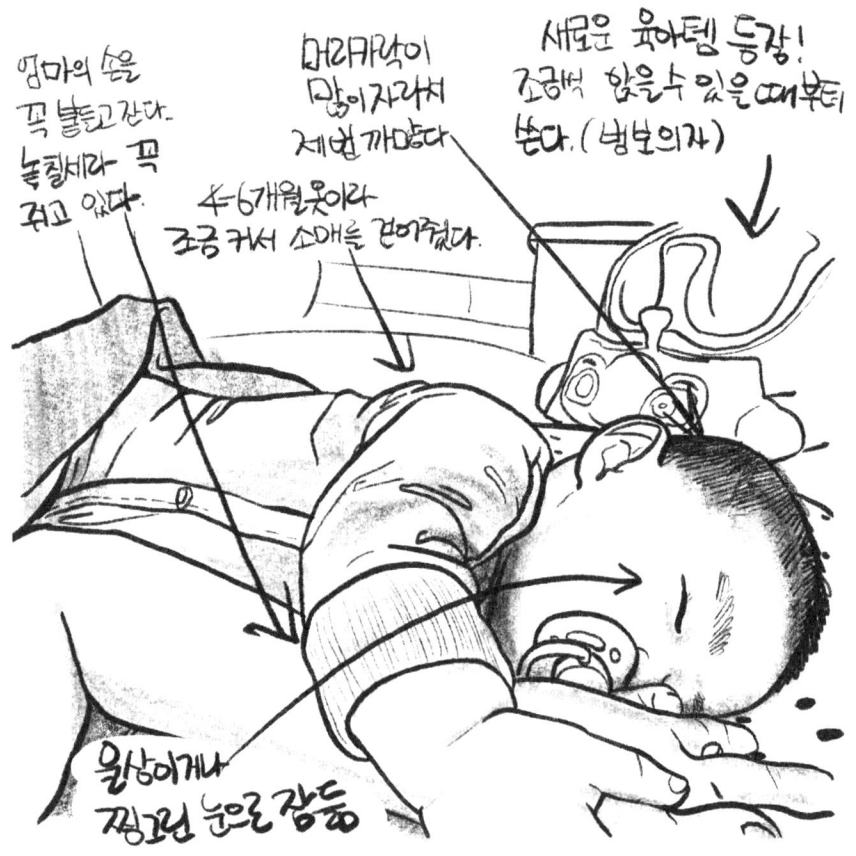

만 금세 잠드니까 괜찮겠지'라는 생각이었다.

그러나 언젠가부터 아기띠도 무용지물이 됐다. 자지러진 아기를 달래는 것은 아빠에게는 이미 불가능에 가까운 일이다. 아빠는 이미 손 쓸 수 없는 상태고 엄마도 점점 지쳐 갈 무렵 등장한 것이 다름 아닌 '엄마의 손'. 침대에 누운 아기가 엄마 손을 붙들고 한참을 놀다가 손을 쥔 채로 스르르 잠이 들었다는 것이다.

와 역시 잠천재! 기특해!(60일부터 통잠, 120일 넘어서부터 8시간을 자는 아기를 두고 우리는 잠천재라고 부른다), 라는 것도 잠시. 잠투정은 현재 세 배로 심해진 상태. 심한 날은 30분을 보채다가 잔다. 최악인 날은 등센서까지 발동하는데, 그럼 이게 안방인지 지옥도인지 알 수가 없다.

아기가 보챌 수도 있지 뭘 그러냐고? 보챈다는 게 칭얼대는 수준이 아니다. 대강 한글이 표현하는 한계 안에서 표현한다면 이렇다.

홍애홍애… (잠시 쉰다) 으아으아... (눈을 슬쩍 뜨고 엄마가 있는지 살핀다) 아아아… 아아아ㅏㅏ!! 아ㅏㅏㅏㅏ!!! (본격적으로 자지러진다) 아아ㅏ아아아아아ㅏㅇㅇ! (눈물이 뚝뚝 흐른다) 아악악악1!!!! 아ㅏㅏ1!!! (혼파망).

이런 느낌으로 30분이니, 아기 수면을 거의 전담하는 엄마는 죽을 맛. 아빠도 도와주고 싶지만 왠지 시무룩해져서 집안일만 열심히 할 뿐.

아기야, 너에게 맞는 최적의 수면 패턴과 습관, 한번 찾아볼게(물론 최적의 패턴과 습관은 '엄마'인 것 같지만…).

뒤집기, 눕기는 거부한다!
아기들은 왜 서고 싶을까?

D+144

 아기의 행동을 지켜보다 보면 가끔 쓸데없는 것이 궁금해진다. 아기는 왜 서 있고 싶을까? 아기는 왜 높이 가고 싶어 할까? 같은 것들이다.

 활동성이 커지면서 몸이 근질댄다고 하기에는 근거가 부족하다. 왜냐? 우리 아기는 아직 뒤집지 못한다. 아니 뒤집을 생각이 전혀 없는 것 같다. 물론 오래 누워 있는 건 싫어한다. 대신 앉혀 달라, 세워 달라, 안아 달라! 고 외칠 뿐이다. 물론 저 세 가지 요구는 '찡찡' '앵앵' '응응'으로 표현될 뿐이다.

 이런저런 자료를 찾아본 결과, 아이들이 높은 곳을 선호하는 이유

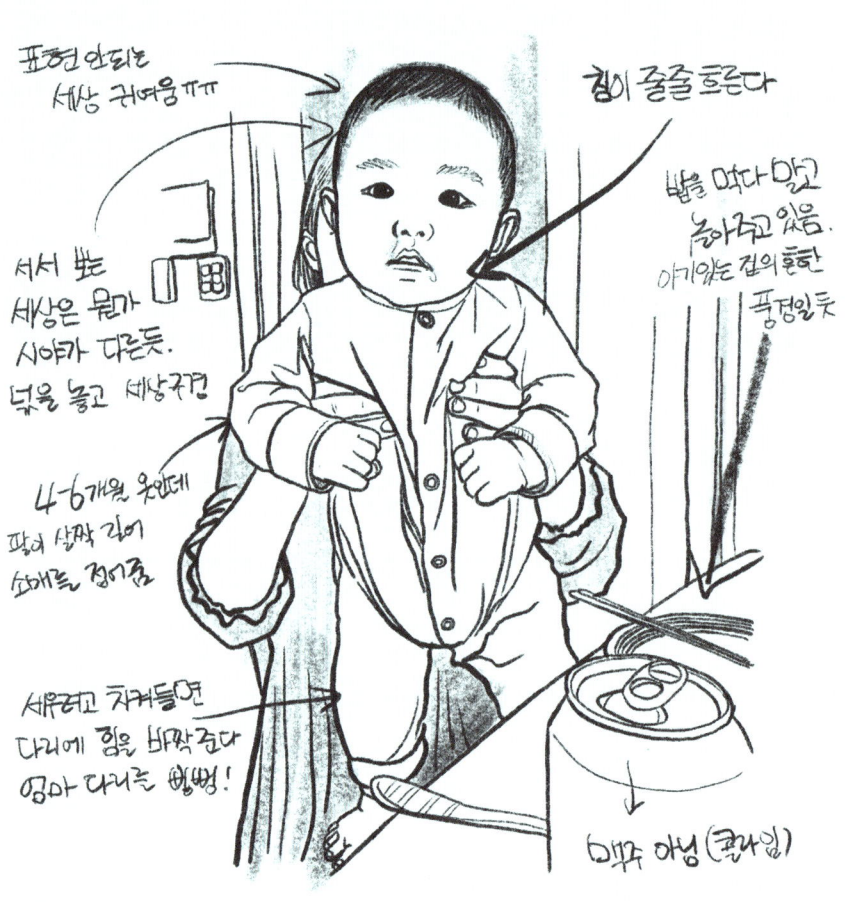

는 '새로운 시야에서 오는 흥미' 때문이다. 세상을 다른 각도에서 바라보는 것 자체가 흥미롭다는 것이다.

3개월이 되면 보통 우리가 말하는 총천연색을 볼 수 있게 된다. 거기에 4개월이 되면 시야가 넓어져 모든 방향을 볼 수 있게 된다고 한다. 안 그래도 호기심이 폭발한 데다 비로소 세상을 제대로 볼 수 있게 됐으니 새로운 시야를 좋아하는 건 어찌 보면 당연한 일이다. 바운서나 역류방지쿠션에 누운 아기가 자꾸 고개를 들려고 용을 쓰는 것도 사물을 둘러보고 싶은 마음이라고 한다.

주말에도 최대한 아기와 다양한 것을 함께 보러 다녀야겠다고 다짐하게 됐다(다짐은 했다).

또 다른 토막 상식 하나. 아직 4개월차인 아기는 뎁스(Depth), 즉 깊이 개념이 명확히 자리잡지 않았다고 한다. 그러고 보니 우리 아기도 멀리 있는 물건을 잡으려고 손을 휘적거리지만 잡지 못한다. 그러고는 애먼 자기 손을 살펴보며 '왜 이러지?' 하는 표정을 짓는다. 아마도 거리감이 없어서인 듯하다.

5, 6개월이 되면 비로소 깊이감이 생기고, 그러면 높이 들 때 무서움을 느끼게 될까? 그건 뭐 그때 가면 알 수 있겠지.

어? 하는 사이에 휘리릭!
5개월 만에 스스로 뒤집기 성공

평화로운(?) 주말의 오전 8시,

아침에 눈을 뜬 아기에게 분유를 먹이고 트림을 시키고 기저귀를 갈아준 뒤, 아빠는 화장실에 다녀왔다. 엄마는 주말을 맞아 조금 늦은 아침을 천천히 맞이하던 중. 잠에서 깬 엄마가 외쳤다.

"어? 애를 엎드려 놓고 갔어?"

눈을 떴는데 아기가 엎드린 채 어리둥절한 표정으로 엄마를 쳐다보고 있었던 것이다. 푹신한 침대에서 아기를 엎드려 놓은 채 화장실을 갈 정도로 아빠가 모자란 이는 아니다. 그렇다. 아기가 혼자 뒤집은 것이다. 태어난 지 163일만의 일이었다.

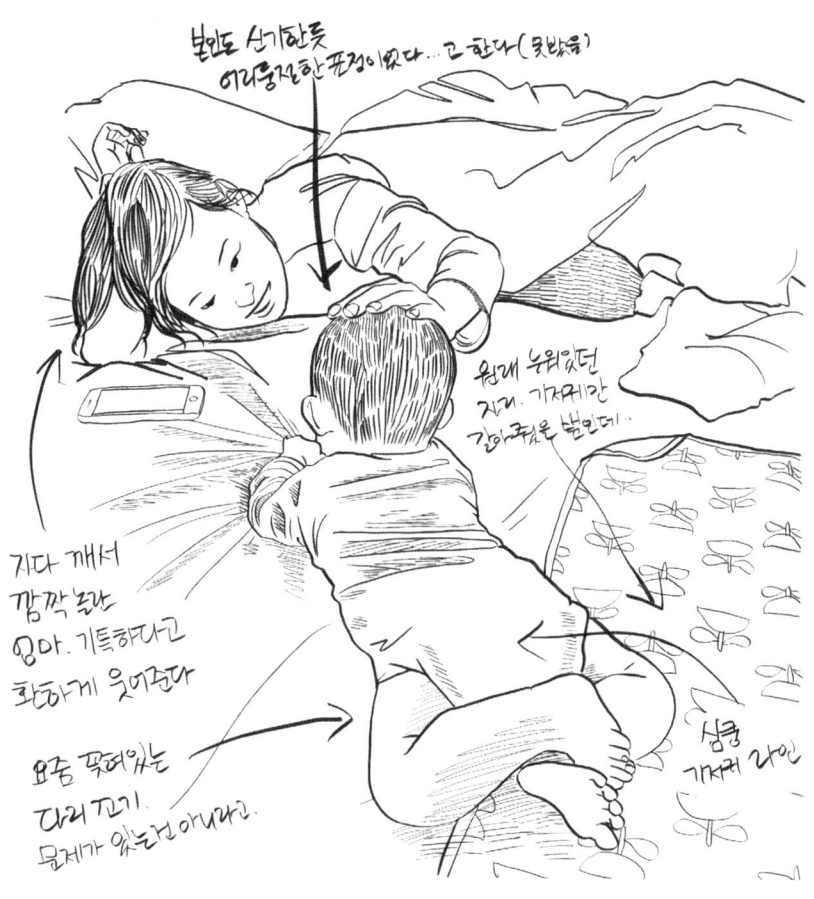

사실 아기가 뒤집는 시기는 보통 4~6개월 때라고 한다. 하지만 최근 발육이 빨라지며 100일 전후로 뒤집는 아기가 많아졌다고 한다. 그러므로 우리 아기의 경우 사실 늦은 것도 빠른 것도 아니었다. 그렇지만 4개월이 넘어갈 때쯤 부모는 괜히 전전긍긍했다.

아기를 옆으로 뉘면 끙끙대며 뒤집을 수는 있었지만, 정작 바로 누웠을 때는 도무지 뒤집을 생각이 없었기 때문. 걱정할 필요 없지만 걱정이 되는 부모 마음이랄까. 어쨌든 뒤집기에 성공하며 한시름 덜었다.

기쁘기도 했지만 사실 반성도 했다. 언제 첫 뒤집기를 할 줄 모르는 아기였기 때문에 사실 침대에 뉘어 놓은 채 화장실을 가서는 안 됐다. 물론 아기는 왼쪽으로만 뒤집을 수 있기 때문에 침대 밖으로 떨어질 일은 없었지만, 그래도 '혹시나 설마 혹시나' 하는 마음으로 아기를 돌보는 것이 맞다. 또 한 번 반성했다. 절대 방심은 금물이다.

이제 겨우 뒤집은 아기가 1년도 채 되지 않는 기간에 기게 되고, 걷고 뛰게 된다니 솔직히 상상이 안 된다. 얼마나 힘들어질지 역시 전혀 상상이 안 된다. 그래도 아기가 하루가 다르게 커 나가는 모습을 지켜보는 것이 요즘 가장 큰 즐거움이다. 늘 건강한 아이가 되기를 바라는 것은 이맘때 모든 부모의 한결같은 마음이지 않을까?

이런 변화는 처음이얏
5개월 중반이 되자 또 하루하루가 달라졌다

뒤집기 시작한 날부터 정말 하루하루가 다른 모습을 보여주는 아기. 어제 처음 한 일을 오늘 너무나 쉽게 해내고, 금세 지루해하는 모습에 엄마도 아빠도 놀라움을 감출 수가 없었다.

예전의 아기가 그저 '귀여운 생명체'였다면 이제는 정말 "사람이네" "우리 집에 아기가 살고 있네"라는 말이 절로 나오기 시작. 150일 이후 시작된 변화를 기억나는 대로 정리하면 이렇다.

감정이 다양해진다

예전에는 '좋아(웃음)' '싫어(울음)' 두 가지뿐이던 감정 표현이 다

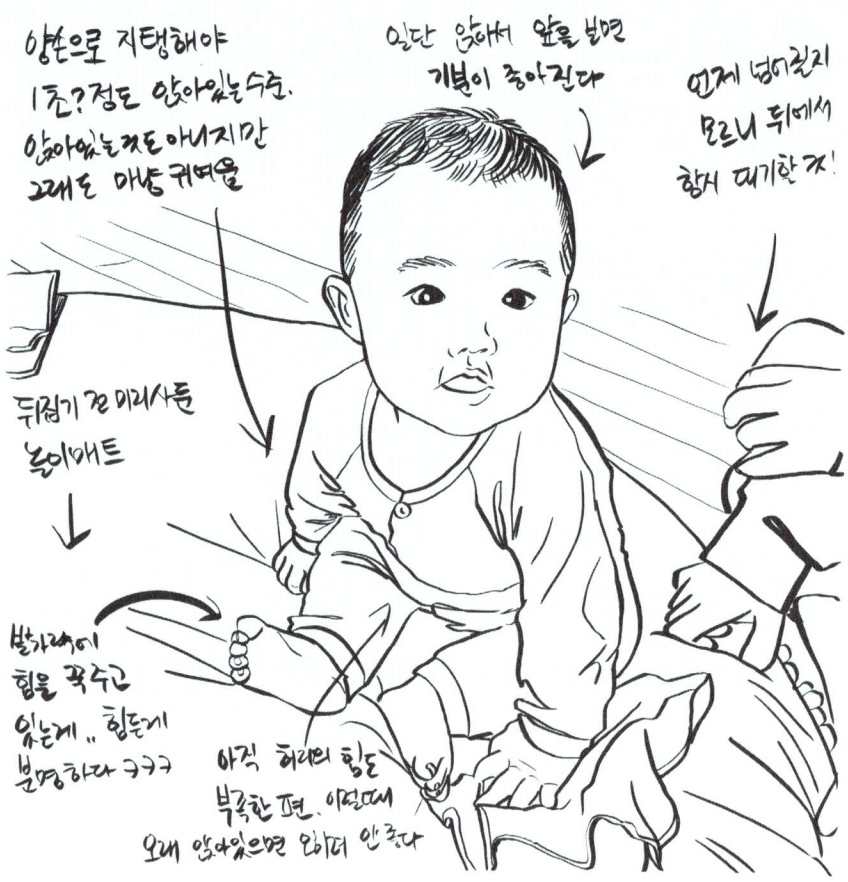

양해졌다. 목욕시간이 돼 자고 있던 아기를 깨웠더니 세상 심통 난 표정으로 아빠를 째려보고는 '빽' 소리를 지른다든가, 떨어지는 물이 무서워서 한참을 끔뻑대다가 울상이 된다든가, 짜증이 나면 울음소리 대신 '으이이이이' 하는 소리를 낸다든가 하는 것들.

아기가 감정을 드러낼 수 있게 되니 좀더 세밀한 커뮤니케이션이 가능해진다. 감정 교류가 느껴지니 부모 처지에서는 아기의 소중함이 배가 되는 것 같다.

힙시트에 오래 앉아 있을 수 있다

등에 힘이 본격적으로 붙으면서 힙시트에 앞보기로 앉힐 수도 있게 됐다. 불과 30일 전만해도 힙시트에 5분 이상 앉아 있질 못해 찡찡대고 힘들어하던 걸 생각하면 괄목상대다. 앞보기를 하고 온 집안을 돌아다니면 아기가 신이 나서 두 발로 버둥대느라 정신이 없다.

요즘 좋아하는 건 거울 보기, 그리고 냉장고 유니버스 탐험. 냉장고 문이 열리고 안에서 새로운 뭔가가 나타나면 대흥분한다. 그리고 창고 보는 것, 주방 보는 것도 좋아한다.

세계가 3D로 바뀐 것 같다

이건 아빠의 추정(실제로 아기가 깊이를 파악하고, 눈과 손이 협력해 움직이는 발달은 4개월 이후 나타나기는 한다). 아기가 원래 바라보던 세상이 2D였다면, 지금은 3D로 바뀐 듯하다.

이유는? 일단 멀리서 아빠의 손이 천천히 날아오면 소스라치게 즐거워하며 양손을 뻗는다. 그리고 처음 보는 신기한 물건이 있으면 손이 앞으로 나간다. '이 정도 뻗으면 만질 수 있겠지'라고 생각하는 듯하다. 하지만 잘 닿지 않는다는 건 함정.

촉감에 관심이 많아진다

손으로 다양한 물건을 만지고 싶어한다. 옷장에 데리고 가면 옷 하나하나를 만져가며 촉감을 즐긴다. 하나씩 슥슥 만져가다 독특한 질감의 물건(비닐이나 뻣뻣한 가죽 따위)을 만지면 그 옷가지만 한참을 만지작거린다.

아빠 얼굴이 다가가면 또 한참을 만지는데, 아마 '분명 사람 피부인데 왜 이렇게 따끔한 게 달려있지?'라는 생각을 하는 듯하다. 면도를 깔끔하게 하고 가면 만지면서 '어 이게 아닌데'라는 표정을 지을 때가 심쿵 포인트다.

정말 짧은 시간에 많은 것이 바뀌었지만, 무엇보다 드디어 이유식을 시작했고, 엄마의 각고의 노력 끝에 수면 교육에 성공했다는 게 가장 큰 성과다. 두 가지 모두 아기와 우리 가족에게는 큰 변화라 생생한 기록으로 남겨두고 싶었다.

옴뇸뇸뇸뇸, 으에에에엙
5개월 아기의 이유식 도전기

 호기롭게 남들보다 빨리 이유식을 시작했다. 보통 5, 6개월에, 몸무게가 7kg이 넘고 20분 이상 고개를 가눌 수 있으면 시작하라고 권하는데, 우리 아기는 교정일로 치면 남들보다 2주 늦고 몸무게도 6.8kg 정도였기 때문에 5개월이 지나자마자 이유식을 시작한 건 좀 빠르다면 빠른 시작이었다.

 이유식을 빨리 시작한 이유는 생각보다 단순했다. 일단 아기가 지금까지 한 번도 설사를 하거나 문제가 될만한 장 트러블을 일으킨 적이 없다. 아무래도 아빠의 소화 능력을 이어받았다고 생각됐다. 또 언제부턴가 부모가 밥 먹는 걸 유심히 지켜보기 시작했다. 가끔은 침까

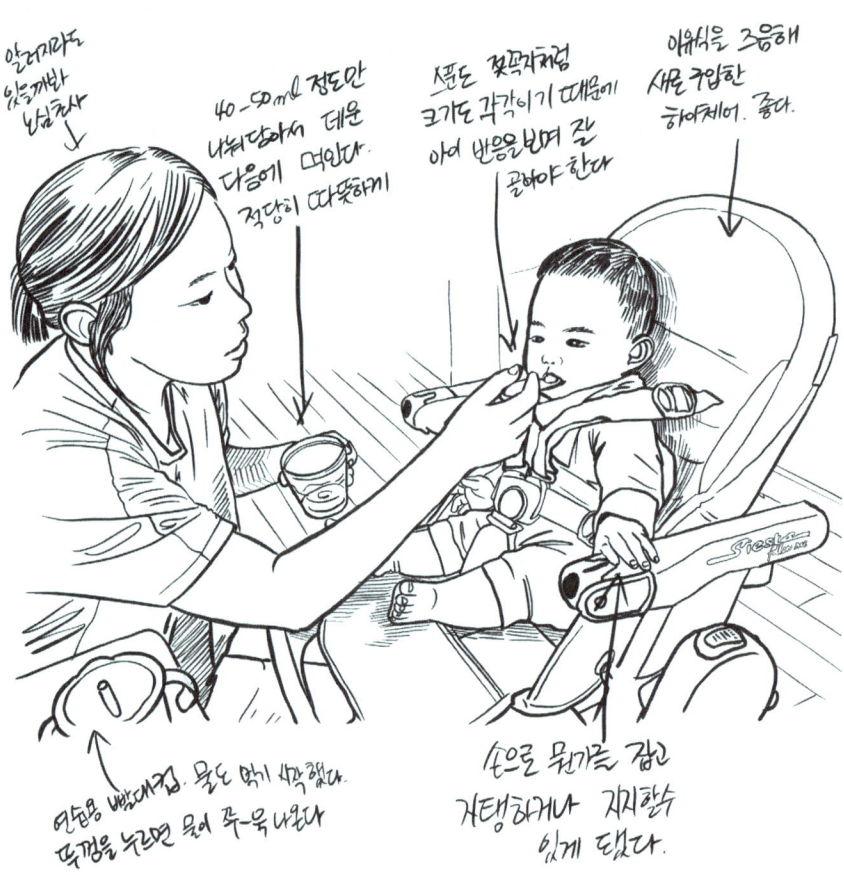

지 줄줄 흘렸다. 이유식을 거부할 수도 있으니 호기심이 있을 때 시작하면 어떨까 싶었던 것.

엄마의 예상은 정확했다. 이유식을 시작한 아기는 헛구역질 한번 하지 않았다. 기다렸다는 듯 열심히 오물오물 입을 놀렸다. 물론 입에 들어가는 것 반, 오물거릴 때 새어 나오는 것 반이었지만 그래도 보람찬 장면. 더 재미있는 장면은 빨대컵으로 물을 줄 때인데, 쭙쭙 빨아올리는가 싶으면 금세 반 이상을 삼키지 못하고 뱉어내거나 도로 물통으로 흘려낸다. 그러면서도 계속 열심히 쭙쭙대는 모습이 귀엽기 그지없다.

이유식을 시작한 뒤 '분유 말고도 먹을게 많구나'라는 사실을 깨달아 버린 아기. 부모의 입에 뭔가 들어가기만 하면 눈이 동그래진다. 침도 줄줄. 녹색 탄산수병을 들이키는 아빠를 너무 뚫어져라 쳐다보기도 한다. 그 모습이 귀여워서 빈 녹색 페트병을 줬다(물론 깨끗이 씻고 뜨거운 물로 소독도 했다). 뚜껑을 한입 물어보더니 퉤퉤 뱉었다. '뭐 이런 걸 신나서 물고 있었어?'라는 표정으로 허공을 쳐다보는데, 부모는 또 쓸데없이 심쿵하고야 말았다.

소화기관도 아빠 닮아 튼튼한 딸. 설사 한번 안 하고 6개월을 향해 달려가 주는 너에게 고마울 뿐이란다. 엄빠와 함께 삼겹살에 소주 한잔 하는 날까지 건강한 식생활을 해주길 바랄 뿐이다.

Tip 6

이유식 요령

쌀, 청경채, 소고기까지 먹여 보았는데 다행히 알레르기 반응도 없었다. 소아과 선생님 말로는 아기는 아직 소화기관이 완전치 않기 때문에 성인의 알레르기와는 달리 평범한 음식에도 알레르기처럼 두드러기가 올라올 수 있다고. 한두 번으로는 반응이 오지 않을 수 있으니, 한 가지 종류의 이유식을 네 번 정도 먹여보고 반응을 살펴보면 좋다고 한다. 만약 두드러기가 올라오거나 설사 등 이상 반응이 있는 것 같거나 뭔가 애매한 느낌이 들면 일단 그 종류의 이유식은 중단하라는 게 전문가 조언이다. 우리 아기의 경우 바나나만 먹으면 구토를 해 지금도 먹이질 않고 있다.

앗 배밀이를 시작했다!
근데 뒤로 가네?

6개월을 맞아 또 한 단계 성장한 너

초보 엄빠들이라면 누구나 한 번쯤은 읽어봤을 법한 고전(?) 『베이비 위스퍼』의 저자 트레이시 호그는 아기의 기질을 다섯 가지로 나눴다. '천사 아기' '모범생 아기' '예민한 아기' '씩씩한 아기' '심술쟁이 아기'가 그것. 우리 아기를 굳이 이 다섯 가지 틀에 끼워 맞춰 보자면 주로 '모범생 아기'의 기질이 7~8할, '예민한 아기'의 기질이 2~3할 되는 것 같다.

물론 요즘 다른 아기들에 비해 뒤집는 시기가 조금 늦었기는 하지만, 통상 6개월 이내 뒤집는 것이 정상이므로 모범생 아기에 해당하는 사례다. 또 신기하게도 어떤 기점이 되는 때가 되면 원래 할 수 있

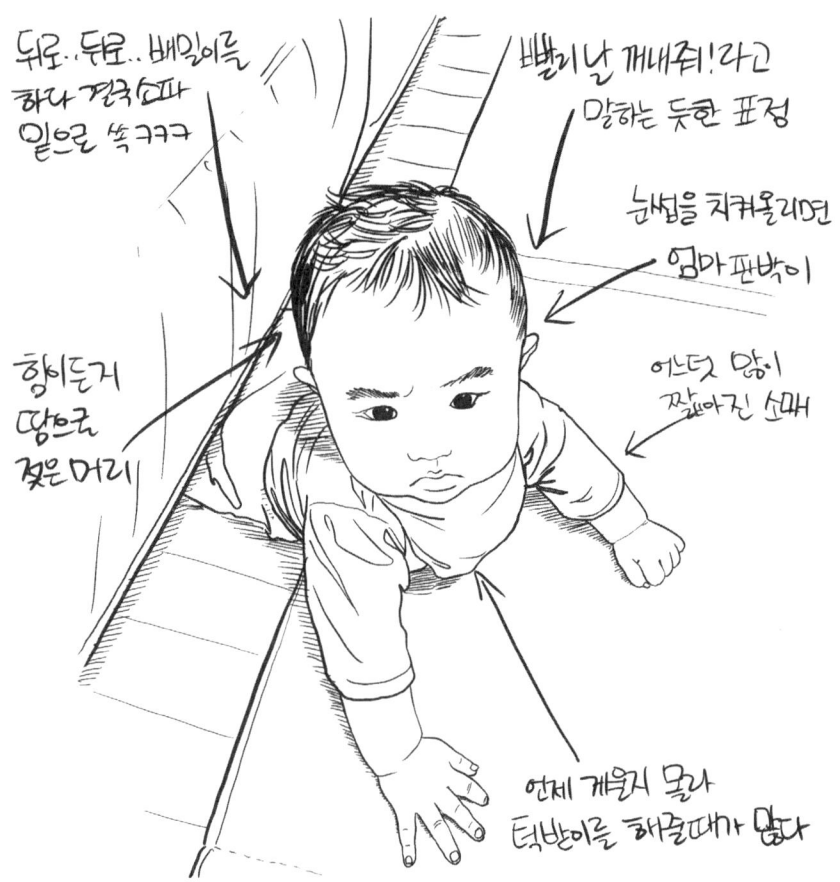

었다는 듯 새로운 모습을 보여주곤 했다. 60일이 넘자 갑자기 5, 6시간을 내리 잔다든가, 낮잠을 자고 일어났더니 옹알이를 미친 듯이 시작하거나 했던 기억이 생생하다. 그래서 엄마 아빠는 이런 도약을 지켜보며 농담 삼아 '펌웨어 업그레이드한다'고 말하며 웃곤 했다.

아기가 딱 6개월이 되는 날에도 역시나, 대단한 모습을 보여주었다. 첫 배밀이를 시작한 것이다. 사실 배밀이라고 하면 거창한 것을 기대했다. 배를 주욱주욱 끌면서 장난감을 향해 앞으로 움직이는 힘찬 모습? 같은 것 말이다. 그런데 아뿔싸, 사실 배밀이는 그냥 배를 땅에 대고 움직이는 행동 그 자체를 의미하는 것이었다.

당신의 아기가 배를 땅바닥에 대고 조금씩 빙빙 돌거나, 심지어 뒤로 후퇴해도 그것이 바로 배밀이라고 보면 된다. 사실 우리 아기는 팔보다는 다리 힘이 강한 편이라, 묘하게 뒤로 배밀이를 하는 게 납득이 간다(무논리).

대낮에 엄마가 스마트폰으로 찍은 사진 한 장을 보내줬다. 바로 위 그림의 원본 사진이다. 처음에 받아본 아빠는 3초간 '이게 뭔가' 싶었고, 그다음 반응은 대. 폭. 소. 알고 보니 아기가 뒤로 배밀이를 하다 하다 결국 소파 밑으로 다리가 빠져버린 것이었다.

소파 밑으로 다리가 빠져 들어가 움직일 길이 없는 데다 매트 두께와 높낮이가 안 맞아 영 불편해진 아기가 엄마를 바라보며 하염없이 인상을 쓰기 시작했다. '이보게 빨리 꺼내 주게'라는 듯이. 보통은 놀라서 울 법도 한데 인상만 쓰고 엄마를 쳐다보는 걸 보니 영락없는 모범생 아기 같다는 생각이 다시 한번 문득 들었다. 이제 조금만 더 있으면 앉고, 잡고 서고, 기어가겠지. 아 생각만 해도 행복한 마음. 그러나 다른 엄마 아빠들은 말했다.

"야 지금이 제일 좋을 때야. 곧 헬게이트 오픈이다."

아, 그렇지. 여전히 정신 똑바로 차릴 때다.

우리 아기가 어떤 아기인지 궁금하다면 책을 살펴보자. 다만 『베이비 위스퍼』는 생후 4, 5개월까지는 많이 봤는데 이후로는 잘 보지 않게 됐다. 아무래도 아기의 식습관, 수면 습관에 대한 책이기 때문에 5개월 이후에는 틈틈이 꺼내보기만 한 것 같다(물론 예민한 아기의 부모라면 다르겠지만).

오늘도 육아 때문에 다투셨다고요?

투잡에 지친 초보 아빠들에게 바치는 글

"싸우지도 않고 정말 아기를 잘 키우고 있나 보네? 좋은 아빠네!"

부족한 육아일기를 지켜봐 주시는 회사 동료들이나 지인들이 한 번쯤은 꼭 하는 말이다. 뒤에 '좋은 아빠'는 그냥 듣는 사람 기분 좋으라고 해주시는 덕담이겠고, 문제는 앞 문장이다. 아무래도 매일 사랑하고 즐겁고 행복하고, 아니면 깨달음을 얻었다는 글만 올라오니 그렇게 생각들 하는 것 같다.

아니다. 우리 부부는 10개월을 전후해 겁나 싸웠다. 이런저런 일로 투닥거리는 날도 많았다. 섭섭함과 울적함에 눈물을 보이거나, 빈정이 상해 하루 종일 메시지 하나 보내지 않는 냉전의 날도 있었다.

그래도 다행인 건, 서로 상처 주는 말을 한다거나 한쪽이 일방적으로 폭발하는 일은 없었다는 것. 두 사람의 성격 때문인가 싶기도 하지만, 둘 다 나름 노력했기 때문이리라. 상대적으로 화가 잘 나는 (화를 잘 내진 않지만 화가 잘 나기는 합니다) 내 경우에는 불필요한 오해나 감정 상하는 일이 없도록 생각을 매번 다잡곤 했다. 그렇게 이성으로 분노를 억누르면 다행히 스스로 잘 설득돼 효과가 있었다. 이런 방법이 건강한 것이라고 자신할 수는 없지만, 둘 다 예민한 상황에서는 잠시 피하는 것도 방법인 듯하다.

내가 '화'를 가라앉히는 비법은 이랬다. 딱 한 문단 정도 되는 글을 머릿속에 잘 넣어두는 것이다. 공감할 분이 있을지 모르겠지만, 하루에도 몇 번씩 두근대는 심장을 안정시키기 위해 심호흡을 해야 하는 초보 아빠(혹은 엄마도?!)에게 한 줄기 도움이 될까 싶어 공유해본다.

직장인으로, 초보 아빠로 투잡 뛰는 아빠의 마음 상태

육아를 하는 엄마의 스트레스와 고통, 우울에 대한 위로와 공감의 글은 참 많다. 그런데 반대로 아빠를 위한 글은 별로 없더라. '그냥 열심히 하는 거지, 뭘 위로까지'라고 생각하는 것이 보통 아빠들의 생각인 것 같다. 혹시 '아빠들이 위로까지 필요할 정도로 힘들지 않잖아?'라는 이유 때문이라면, 육아에 열중하는 아빠들을 대표해 당당히 말할 수 있다.

"아뇨! 정말 엄청 힘듭니다."

육아에 열중하는 아빠들의 스트레스를 한마디로 말하라면 '투잡'의 스트레스가 아닐까 싶다. 집으로 들어서는 길이 퇴근의 길이 아니라 제2의 출근길이라는 것이다. 집에 들어가자마자 밀린 집안일을 하고, 아기와 놀아주고, 목욕도 시키고, 설거지까지 하고 나면 밤 10시, 11시는 기본이다. 혹시 밤에 잘 깨는 아기를 키우고 있다면 고통은 두 배가 된다. 새벽에 일어나 아기 옆을 지켜주기도 해야 한다. 그렇게 고생을 하고 나면 보통 부인이 다가와 "고생했다"며 엉덩이를 토닥여주기 마련이지만, 방전 상태인 건 엄마도 마찬가지이니 그런 기대는 하지 않는 게 좋다.

가끔 피치 못할 저녁 일정이 생기는 날은 어떤가? 내 의지로 야근을 하는 것도, 저녁 미팅에 가는 것도 아닌데 잔뜩 예민해진 아내의 눈치를 봐야 한다. 그러면 기분이 이상해진다. 나도 고생하는 건 마찬가지인데, 왜 이렇게 매일 죄인처럼 사는 걸까? 그런 생각이 머릿속에 스멀스멀 떠오르는 것이다.

이런 이야기를 하면 선배 아빠들은 말한다.

"참아라."

화를 내는 것이 참는 것보다 더 나쁜 결과를 가져오곤 한다는, 경험에서 우러나온 조언이다. 당연해 보였다. 서로 예민한 상황에서 한쪽이 불쑥 화를 냈다가는 당연히 싸움이 날 수밖에 없다. 그렇다면,

어떻게 해야 하는 것인가?

이렇게 생각을 바꿔보세요, 다툼이 줄어들 걸요

그 전에 전제할 게 있다. 21세기 한국 사회에서 육아는 여전히 아빠보다는 엄마가 더 힘든 세상이다. 24시간 아기와 함께 하는 일정은 육체적 괴로움보다 정신적 스트레스를 가중한다. 엄마 대신 주말에 아기를 돌봐 본 아빠들은 알 테다.

그런데, 또 다른 관점에서 보면 이런 생각도 든다. 아빠는 안 힘든가? 무조건 화를 참아야 하는 걸까? 부인이 나보다 힘든데 내가 화가 나는 것은 '몰염치한 나쁜 행동'인 걸까? 그건 아니다. 스트레스를 받고 화가 나는데 어쩌냐? 정혜신 박사도 저서 『당신이 옳다』에서 강조하듯이 '모든 감정은 옳다'.

문제는 이것이다. 육아에 지친 부부가 다툴 때면 빠지지 않는 레퍼토리. 바로 '네가 더 힘드냐, 내가 더 힘드냐'의 대결이다. 엄마는 24시간 육아의 고통과 사회 복귀에 대한 불확실함을 이야기하고, 아빠는 투잡의 고통과 '가장'에 대한 사회적 낙인을 이야기한다. 싸움이 커질 수밖에 없다. 우리가 존 스튜어트 밀도 아니고, 공리주의적으로 누구의 고통이 더 큰지 합리적으로 계산할 수가 없다. 설령 합리적으로 계산한다고 해도, 그걸 인정할 사람은 아무도 없을 거다.

그렇기에 육아와 관련해서 다툼이 있을 때는 절대 '내가 더 힘드냐, 네가 더 힘드냐'의 논리가 등장해서는 안 된다. 결론도 나지 않는 감정싸움을 벌이게 될 가능성이 매우 크다. 실제로 똑 부러지는 결론도 없다.

Tip 7

전우여 전우여 육아 전우여

어떻게 하면 '니가 더 힘드네, 내가 더 힘드네' 싸움으로 진입하지 않을 수 있을까? 여기서 바로 서두에 말했던 마법의 사고법이 등장한다. 아주 간단하다.

우리 부부를 '40kg의 군장을 짊어지고 끝도 없는 행군에 나선 군인'에 대입해 생각하는 것이다.

자, 두 군인이 길을 걷고 있다고 해보자. 둘 다 무진장 힘들다. 야간 행군을 하는 날도 많고, 밥도 제때 먹지 못한다. 어느 날 두 사람이 다투기 시작했다. 그런데 두 사람의 다툼을 뒤에서 들어보니 기가 찬다. "내 짐이 더 무겁다" "아니다, 내 짐이 더 무겁다"면서 싸웠던 것이다.

이렇게 생각해보면 부부의 싸움도 이상한 싸움인 것은 매한가지다. 두 사람 다 힘든 건 마찬가지일 텐데, 대체 누가 더 힘든지 대결하면서 싸우는 게 무슨 의미가 있는 걸까? 두 사람은 그저 무거운 짐을 지고 먼 길에 오른 동료일 뿐이다. 부부는 그냥 처음 겪어보는 무거운 짐을 짊어진 두 사람일 뿐이다. 누구의 짐이 더 무겁고, 가볍고가 중요한 것이 아니라는 말이다. 길은 하나고, 그냥 둘 다 힘든 것이다.

행군하는 군인이 힘들고 지친다고 해서 옆에서 걷는 전우와 '네 짐보다 내 짐이 무겁다'고 화를 내고 싸워봐야 소용이 없다. 한강에서 뺨 맞고 종로에서 화내는 수준도 안 되는 바보 같은 싸움이다. 사실은 그냥 행군이 힘들어 화를 내는 것일 뿐.

어차피 끝도 없는 길을 걸을 거라면, 다리를 절뚝이는 옆사람을 위해 그 사람의 배낭에서 전투화라도 하나 빼서 잠깐 들어주는 게 낫지 않을까? 그러면 내가 힘들 때 그 사람도 내 짐을 들어줄 것이다. 어차피 둘 다 무거운 짐 지고 가는 끝없는 길. 그렇게 서로 위로하면서 가야 한다. 위로하면서 가도 힘들다. 쓸데없이 짐 무게 때문에 싸우지 말자.

2부 하루가 너무 긴데 너무 짧다

PART
03

견디기 쉽지 않을 걸, 아기 말고 너

0.5세, 발을 먹어도 칭찬해
조금 늦었지만 야무진 발 먹기 돌입

"발을 먹어도 칭찬받는 나이, 그대 이름은 0.5세."

아기를 지켜보는 엄마가 자주 하는 말이다. 그러고 보니 그렇다. 서너 살 된 아이가 앉아서 자기 발을 쪽쪽 빨고 있다고 생각해보자. 당장에 뜯어말릴 일이다. 서른 살 어른이 그러고 있다고 생각해보라. 아니 이건 좀… 그렇다. 발을 먹어도 칭찬받는 나이는 0.5세 아기 너뿐인 것이다.

굳이 다른 아이와 비교해보자면 조금 늦었다. 빠르게는 4개월, 보통은 5개월쯤 발을 찹찹 먹기 시작했다는 글이 많다. 뭐 뒤집기도 5개월 넘어 시작했으니 발 먹기가 늦은 것은 당연지사. 그래도 늦지도

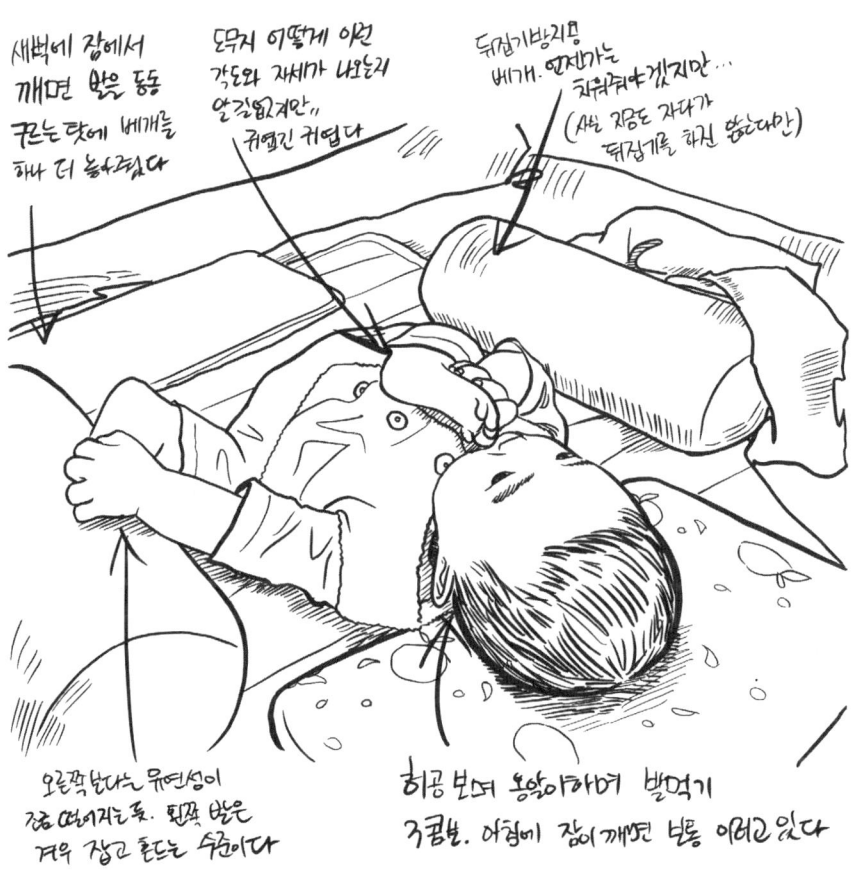

매일 행복했다면 거짓말이지

않게, 빠르지도 않게 착착 발달 단계를 밟아나가는 모습이 고마울 뿐이다(보통 4개월이 되도록 목을 가누지 못하거나 10개월까지 기지 못할 경우, 16개월까지 혼자 걷지 못할 경우 상담을 받아보라고 권한다. 발달지연 및 발달장애 부모들이 모인 온라인 카페도 있으니 살펴볼 만하다).

왜 우리 아기만 늦는 것처럼 느껴질까?

결국 내 고민은 '우리 아기는 왜 조금 늦는 것, 아니 그런 것처럼 느껴질까?'라는 데에 이르렀다. 대충 고민해본 결과(대충이다, 진지한 게 아니다!)는 이렇다.

첫 번째는 SNS 효과다. '우리 아기는 정상적인 시기에 뒤집었답니다!'라거나 '우리 아기는 남들보다 많이 늦게 뒤집었답니다!'라고 자랑하고 싶은 사람은 별로 없을 거다. 대체로 '생후 100일밖에 안 됐는데 뒤집다니!'라며 신이 나서 업로드를 하기 마련. 당연히 업로드되는 아기들의 사례는 의학적 평균보다 발달 상황이 좋을 확률이 높다.

물론 최근 신체 발달이 빨라지는 경향이 있다고는 하나, 당신의 아기는 과학적으로 늦지 않았을 가능성이 크고 조금 늦었다고 해서 문제될 것은 없다는 말이다.

두 번째는 성별 차이. 어떤 사람들은 인정하고 싶지 않겠지만, 통계적으로 남아와 여아의 발달 양태가 다르다는 연구결과가 많다. 체중부터 남아와 여아를 구별해서 살펴본다.

국내 학계에서는 '남아가 여아보다 출생 시부터 신체 발육이 우수하고 운동능력의 발달 수준이 높다. 이후에도 지속된다'는 연구결과가 있다. 반면 여아는 언어발달이 우세하다고 한다.[10]

이런 연구결과를 현재의 영아 교육 습관이나 성별에 대한 고정관념으로 인한 생후 교육의 효과라고 주장하는 사람도 있다. 다만 그런 주장을 뒷받침하는 연구 결과가 다양하게 제시되는 것 같진 않다. 생득적인 요소 외 생활습관이 가져오는 발달의 변화는 통상 12개월 이후부터라고 하니(정미라 등 2013) 어쨌든 남녀라는 성별에 따른 신체 발달 차이는 적어도 생후 첫 1년은 어쩔 수 없는 모양이다.[11]

세 번째는 '대근육만 발달'이라는 고정관념이다. 앞서도 말했지만 아기의 신체 발달은 대근육과 소근육으로 나누어 봐야 한다. 대근육 운동은 기기, 서기, 뜀뛰기, 걷기, 한 발로 서기 같은 운동으로 팔다리 몸통을 쓰는 운동을 말한다.

소근육 운동은 손을 뻗어 물건 잡기, 손가락 쓰기, 끼적거리기 등을 말한다(정옥분 2012).[12] 우리 아기의 경우 대근육 운동은 남들

---

10) 임명희, 박윤조. "영아의 의사소통능력 및 정서발달과 영아특성변인, 어머니특성변인 간의 관계". 한국보육학회지 11.4 (2011): 57–82.
　　윤혜련, 김영태. "성별에 따른 영·유아 언어발달의 특성 연구: SELSI를 중심으로". 언어청각장애연구 9 (2004): 30–44.

11) 정미라, 이정은, 박혜성. "출생조건과 일상생활습관에 따른 12개월 영아의 신체발육과 발달". 한국영유아보육학 81 (2013): 25–47.

12) 정옥분.『영아발달』. 학지사. 2012.

(SNS 비교군 포함)보다 조금 늦지만 소근육 운동에는 엄청난 관심을 갖고 있어 벌써 엄지와 검지 손가락을 이용해 물건을 들어 올리는 데 관심을 가지고, 또 계속해서 시도하는 중이다.

사바사, 그것은 진리

흔히 '사바사(사람 by 사람)'라고 하지 않던가. 아기도 마찬가지다. '아기 by 아기'라고 해야 하나. 아기의 발달에는 배태 기간(몇 주차에 태어났느냐), 생득적인 면, 환경적 영향, 부모의 역할 등 변수가 엄청나게 많다. '마지노선보다 늦으면 병원에 가보시라'는 조언 외에는 과민할 필요가 없는 것 같다.

병원에 갈 정도는 아니지만 그래도 걱정이 된다는 부모도 많을 것이다. 이런 분들에게는 내가 찾은 '0세 영아를 위한 신체운동 지원 프로그램 개발 연구'라는 학술자료에 포함된 프로그램을 살펴보시길 권한다(노희연 2014)[13]. 대근육 소근육으로 나뉘어 있어 보기에 좋다. 하루에 하나씩만 하고 놀아도 한 달이 훌쩍 갈 테니 참으로 훌륭하지 않은가!

---

[13] 노희연. "0세 영아를 위한 신체운동 지원 프로그램 개발 연구: 6–12개월 영아를 중심으로". 열린유아교육연구 19.5 (2014): 567–587.

'장거리 여행'이라 쓰고 '지속훈련'이라 읽는다

6개월 아기와 장거리 여행 다녀오기

지속훈련이라는 게 있다. 운동을 시작한 뒤 종료할 때까지 쉼 없이 실시하는 신체 훈련을 말한다. 마라톤 선수들이 하는 것으로 알려졌다. 심폐지구력을 기르기 위한 훈련이다.

군에 입대해 군사훈련을 받을 때는 '야간지속훈련'이라는 것도 해봤다. 24시간 동안 깨어 있으면서 전시에 대비하는 훈련. '지속가능성'이라는 용어도 있다. 어떤 상태를 유지할 수 있는 능력을 말한다.

쓸데없는 용어를 남발하는 이유가 있다. 부모들에게 전한다. 아직 오래 앉아 있지 못하는 6개월 아기와의 장거리 여행은 당신의 '양육지속성'을 길러주는 아주 훌륭한 훈련장이다.

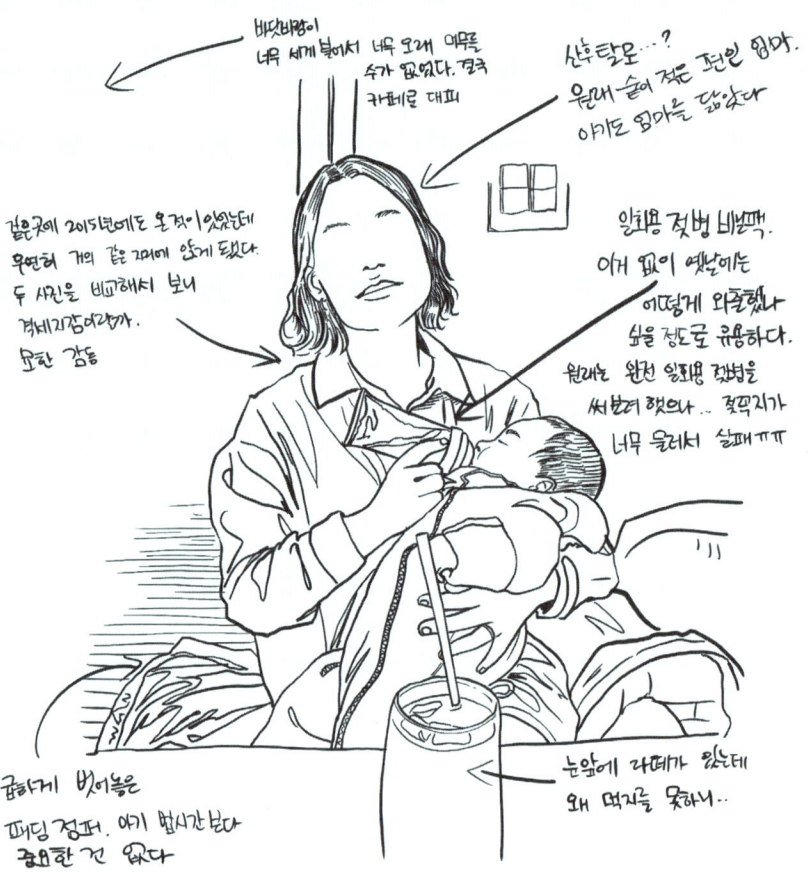

3부 견디기 쉽지 않을 걸, 아기 말고 너

물론 양육지속성이란 내가 마음대로 만든 말로, '장시간 외출했을 때도 아기가 집에 있을 때와 거의 동일한 환경에서 생활할 수 있도록 유지할 수 있는 능력'을 말한다. 아기가 필요한 것과 포기할 수 있는 것은 무엇인지 생각해볼 수 있어 좋은 시간이지만, 훈련은 훈련이니만큼 육체적 정신적 소모가 찾아온다.

이거슨 바로 엄마 아빠의 훈련 결과 보고서

아빠들이여, 10년 전으로 되돌아가 보자. 훈련에 앞서 무엇을 준비하는가? 배낭이다. 역시 양육지속성 훈련에도 배낭이 필요하다. 물론 엄마 아빠에게는 배낭보다 더 훌륭한 도구가 있다. 바로 캐리어와 유모차다. 평소 외출할 때 가지고 다닌 외출 가방을 챙기는 건 기본이다.

해외 출장을 떠날 때처럼 가만히 앉아 코스별로 필요한 것을 생각해본다. 아기에게 필요한 것은 무엇인가? 기본적인 물품은 외출 가방에 있지만 수량이 부족할 테니 더 채워넣는다. 기저귀나 가제손수건, 분유, 끓인 물, 이유식용 숟가락 등… 분유는 통을 들고 가는 대신 밖에서도 먹이기 편하게 각각 분유 저장팩에 나눠 담았다.

기저귀는 밤 기저귀를 빼고는 가볍고 작은(평소에는 잘 안 쓰는) 제품으로 챙기고, 설거지도 최소화하기 위해 젖병은 두 개만, 나머지는 모두 일회용 젖병 팩으로 챙겼다. 사실 젖꼭지와 병까지 일체형으로 된 완전 일회용 젖병을 샀는데, 젖꼭지가 너무 말랑해서 아기가 잘 먹질 못하고 거부했다. 간편하다고 다 좋은 것은 아닌 듯하다.

여기에 외출 가방에는 없는 물건을 챙긴다. 저녁부터 아기가 잠들 때까지 무엇을 하는지 생각해보면 된다. 젖꼭지를 씻기 위한 젖병솔과 작은 세제 팩을 챙기고, 목욕시킬 물건과 여분의 장난감과 앉아 있을 의자와… 다행히 물을 끓일 포트와 이불 담요 등은 처가에서 조달해왔다만, 그렇지 않다면 아기가 잘 이불도 챙겨야겠지.

여기에 혹시 모를 일에 대비해 해열제 등 비상약도 챙긴다. 자, 아직 늦지 않았다. 어서 티켓을 취소해라.

이동 경로를 체크하라, 짐이 줄어든다

필수적인 짐을 다 챙겼다면 이번에는 지도가 필요하다. 야전이라면 종이지도가 필요하겠지만 엄빠에게 필요한 것은 스마트폰. 이동 경로와 시간 등을 고려해 어디에서 어떻게 무엇을 할 것인가를 시뮬레이션하는 과정이 필요하다.

우리의 경우 서울양양고속도로를 타서 운이 좋았다. 거의 모든 휴게소에 수유실이 마련돼 있었고 시설도 나쁘지 않았기 때문. 슬프게도 젖병 세제나 포트는 없었지만 ,전자레인지와 싱크대, 젖병소독기 정도는 마련돼 있다. 생긴 지 얼마 되지 않아 시설도 깨끗한 편.

시간이 넉넉하다면 젖꼭지를 씻어 소독기에 넣어 두고 식사를 한 뒤 여유 있게 움직이는 것도 가능. 정수기 물을 먹어도 되는 시기라면 더욱 가벼운 마음으로 떠날 수 있다. 푸드코트에는 대체로 아기 의자가 잘 갖춰졌다.

숙소 내 관련 시설도 미리 점검해두면 좋다. 우리가 머문 곳에는 이유식 전용 전자레인지와 수유실이 갖춰졌다. 수유실은 너무 멀어 이용하지 않았고, 이유식 전용 전자레인지는 코앞에 있었는데도 몰랐다. 바보… 어쨌든 2박 이상을 해야 한다면 숙소의 수유실을 이용해야 하므로 꼭 확인할 것. 웬만한 곳이라면 블로그 후기가 충분히 많기 때문에 금세 찾을 수 있다.

정말이지 우리 아기는

엄빠들이 여행할 때 가장 걱정하는 건 사실 짐이 아니라, 아기의 상태. 혹시나 카시트에 오래 앉아 있는 게 힘들어 울어버리진 않을지, 감기에 걸리진 않을지, 잠자리를 가리느라 새벽 내내 울진 않을지, 공공장소에서 미친 듯이 소리를 지르지는 않을지 따위의 걱정이다. 특히 비행기를 타야 한다면 정말 걱정 한 가득일 수밖에 없다.

다행히 우리 아기는 카시트에도 잘 앉아 있고, 새로운 환경이 닥쳐오더라도 울기보다는 한 번 구경해보는 스타일. 그렇다고 신이 나면 소리를 꽥꽥 지르는 유형도 아니라 가끔은 옆에 있는지조차 까먹을 정도다.

심지어 집에서보다 잠을 더 푹 잤다. 돌아오는 차 안에서는 엄마가 꾸벅꾸벅 조는데 정작 아기는 멀뚱멀뚱 엄마를 쳐다보고 있더라. 기특하기도 했지만, 혹시 불편한 게 있는데도 표현을 하지 않는 건 아닌지 걱정도 됐다.

그래도 한 번 다녀오니 조금 자신감이 붙었다. 역시 경험만한 것이 없다. 곧 뚜벅뚜벅 걸어서 KTX도 타고, 여권 내고 비행기를 타는 날도 오겠지. 항상 더 재미있고 좋은 곳에 데려가리라 결심했다.

우리가 크리스마스를 '거른' 이유

밥주걱 하나로도 행복해지는 방법이 있다?!

"남들은 크리스마스라고 트리 장식도 하는데…"

크리스마스를 얼마 앞두지 않았을 때부터 엄마는 뭔가 아쉬운 듯했다. 아기가 태어나고 맞는 첫 크리스마스인데 집 안에 반짝이는 나무 한 그루 정도는 들여놔야 하지 않느냐고. 더군다나 워낙 반짝이는 형형색색의 물건은 다 좋아하는 아기. 심지어 이날은 아기가 딱 7개월 되는 날. 아무튼 뭐라도 기념해야 할 것 같은 날이었다.

그러나 결국 아무런 장식도 사지 않고, 딱히 외출도 열심히 하지 않았다. 엄마에게는 말하진 않았지만, 크리스마스트리라는 게 결국 다 플라스틱이라 아기에게 괜히 안 좋은 영향을 미치지 않을까 걱정

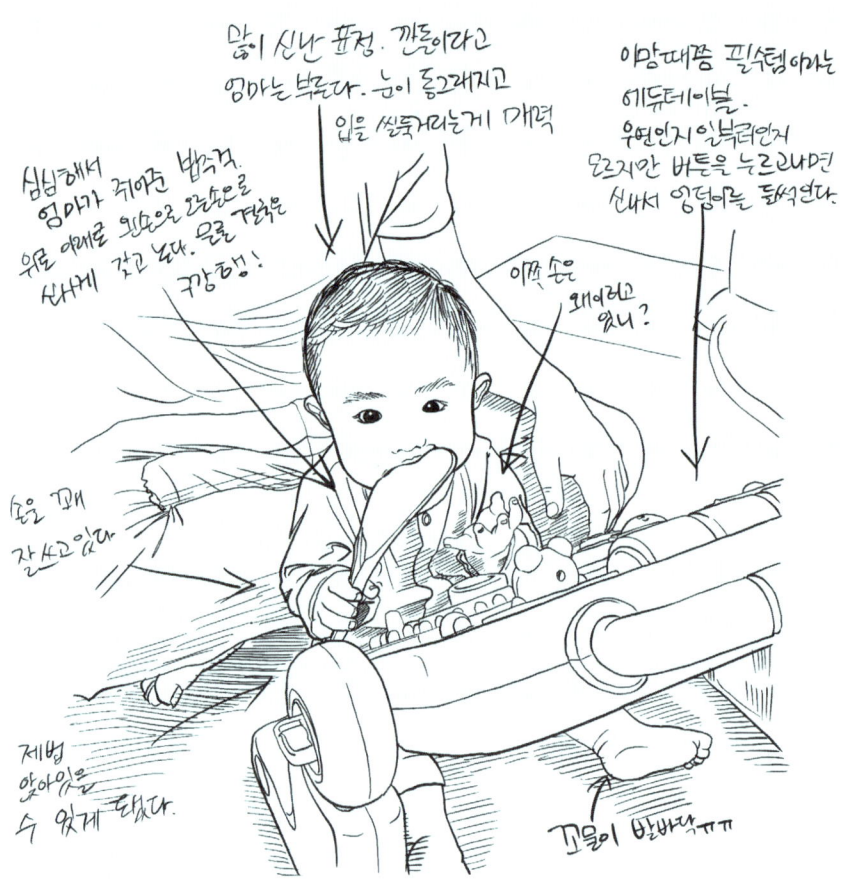

3부 견디기 쉽지 않을 걸, 아기 말고 너

이었다. 몇 년 전에 샀던 싸구려 플라스틱 트리에서 녹색 가루가 뚝뚝 떨어지는 것을 본 뒤부터 생긴 의구심이다.

26일에야 외출을 했지만 이미 백화점에 크리스마스 장식은 온데간데없었다. 사실 엄마 아빠 모두 그런 기념일을 챙기기 위해 고군분투하는 스타일이 아닌지라, 크리스마스 케이크 하나로 퉁치곤 했으니… 아무튼 내년을 기약하기로 했다.

크리스마스 연휴, 힐링은 엄마 아빠가 했네

연말이라 상대적으로 바쁘지 않은 틈을 타 휴가를 많이 썼다. 지난주 이틀에 이어 이번 주에도 이틀 휴가를 썼다. 크리스마스이브부터 크리스마스, 그리고 이튿날까지 쉬었다. 오랜만에 아기와 하루 종일 놀아주고, 밀린 집안일도 하고, 심지어(!) 개인 정비 시간까지 가지니 그동안 쌓인 스트레스가 풀리는 느낌이었다.

'아니, 아기 크리스마스는 안 챙겨주고, 정작 부모는 3일 내내 쉬었다고?' 하고 의아해하는 분도 계실지 모르겠다. 그렇지만 아기의 행복에 절대적인 영향을 미치는 요소 중 하나가 부모의 행복이라는 점을 생각하면 엄마 아빠도 틈이 날 때 확실히 쉬어야 한다는 건 여러 연구 결과만 봐도 알 수 있다.

최신 국내 연구 결과를 찾아보니 '유아의 행복감, 어머니 행복감과 양육행동, 가족환경 변인들 간의 관계 연구(김진이 2018)[14]'라는 논문이 보인다.

2014년에 실시한 조사 중 1,291가구의 응답을 활용한 분석 결과다. 어머니의 행복감을 1~7점으로, 어머니가 보는 아이의 행복감을 '표정 카드'를 통해 유추하도록 해 1~7점으로 적도록 했다.

그 결과는 이랬다. 유아의 행복감은 부모가 모두 있을수록, 가구 소득이 높을수록, 부모의 최종학력이 높을수록, 유아의 자아존중감 수준이 높을수록, 그리고 엄마의 행복감 수준이 높을수록, 엄마의 온정적 양육행동 수준이 높을수록, 가족기능 수준이 높을수록 높아지는 경향을 보였다고 한다. 결국 유아의 행복을 증진하기 위해서는 엄마를 포함한 양육자의 행복 또한 증진해야 한다는 것이다(이상 해당 논문에서 인용).

노오력하여 행복하시라, 그게 아기를 위한 것이다

여기에 '유아 자녀를 둔 부모의 심리적 특성, 양육스트레스, 긍정적 양육태도 간 관계(최효식, 연은모 2014)[15]'라는 어려운 제목의 논문을 보자. 연구 결과 자기 효능감이나 자아존중감, 우울에 기초한

---

14) 김진이. 유아의 행복감. "어머니 행복감과 양육행동, 가족환경 변인들 간의 관계 연구". 한국영유아보육학 109 (2018): 53–77.

15) 최효식, 연은모. "유아 자녀를 둔 부모의 심리적 특성, 양육스트레스, 긍정적 양육태도 간 관계: 자기효과와 상대방효과". 유아교육학논집 18,6 (2014): 5–30.

엄마 아빠의 심리적인 특성은 양육스트레스에 부정적인 영향을 미친 것으로 밝혀졌다고 한다.

쉽게 말하면 엄마 아빠의 마음이 건강할수록 양육 스트레스도 줄어든다는 것. 또한 부모 모두가 건강한 심리 상태라면 긍정적 양육 태도를 가질 가능성이 크다. 재미있는 것은 '상대방 효과'가 크지 않다는 점. 무슨 말이냐 하면, 아빠가 건강한 심리 상태라고 해서 엄마가 긍정적 양육 태도를 가질 가능성은 그다지 크지 않다는 말이다(이상 해당 논문에서 인용).

이런 연구 결과에 비춰보면, 엄마 아빠 모두 자기 심리 상태를 건강하게 유지하기 위해 노력할 필요가 있다는 결론이 나온다. 실제로 '유아의 행복감~' 논문도 "유아기 자녀를 둔 어머니들은 스스로 건강한 정서를 통해 행복감 증진을 위해 노력해야 하고, 이것이 자녀 양육에 매우 중요한 것임을 자각해야 한다"라고 지적한다.

물론 이렇게 어려운 말을 늘어놓지 않아도 상식적으로 그렇다. 본인 뜻에 반하여 남들의 강요로 전업 주부가 되어버린 한 엄마가 있다고 해보자.

아마도 세상 우울한 얼굴로 아이 앞에 14시간 동안 앉아 있을 것이다. 심한 경우에는 자신의 좌절을 아이 탓으로 돌리며 의도치 않게 상처 주는 말을 내뱉을 수도 있다. 그러니 하루에 서너 시간만 만나더라도 밖에서 일을 하고 돌아와 행복하고 긍정적인 모습을 보여주는 것이 낫지 않을까?

아이의 행복을 챙겨주고 싶다면 엄마 아빠부터 행복하자. 이는 이기적인 것도 아니고 아이에게 미안해할 일도 아니다. 그런 의미에서 아빠의 휴가와 그로 인한 엄마의 가사 부담 완화는 서로에게는 물론 아이에게도 도움이 된다는 결론이다.

그래서 아기에게 겨우 밥주걱 하나를 선물로 건넸지만, 엄마 아빠의 크리스마스는 행복하였다. 그리고 아기도 행복해질 것이다. 지금보다 더욱… 이라고 아빠는 스스로를 위로하였다.

'인지'의 세계에 온 걸 환영하오, 낯선 이여

공포의 6개월차 원더윅스, 다이나믹 베이비

딸아, 너도 사람이 되고 있구나!

6, 7개월에 들어선 아기의 모습을 보며 느낀다. 아, 이 아기도 사람이었구나. 그렇다고 이전에는 사람 취급 안 했다는 말은 아닌데, 뭐랄까 이전에 비해 훨씬 어렵고 그러면서도 동시에 사랑스러운 존재가 됐다는 말.

내 생각에 사람이란 존재는 A를 투입해서 B라는 결과가 나오지 않는 알 수 없는 기계다. 그만큼 복잡하고 어렵고, 변수가 많다. 예를 들어 친구가 기분이 좋은 날에는 시비를 걸어도 농담이 돌아오지만, 그렇지 않은 날에는 칭찬을 해도 욕을 먹게 된다. 어떤 날은 뱃속에

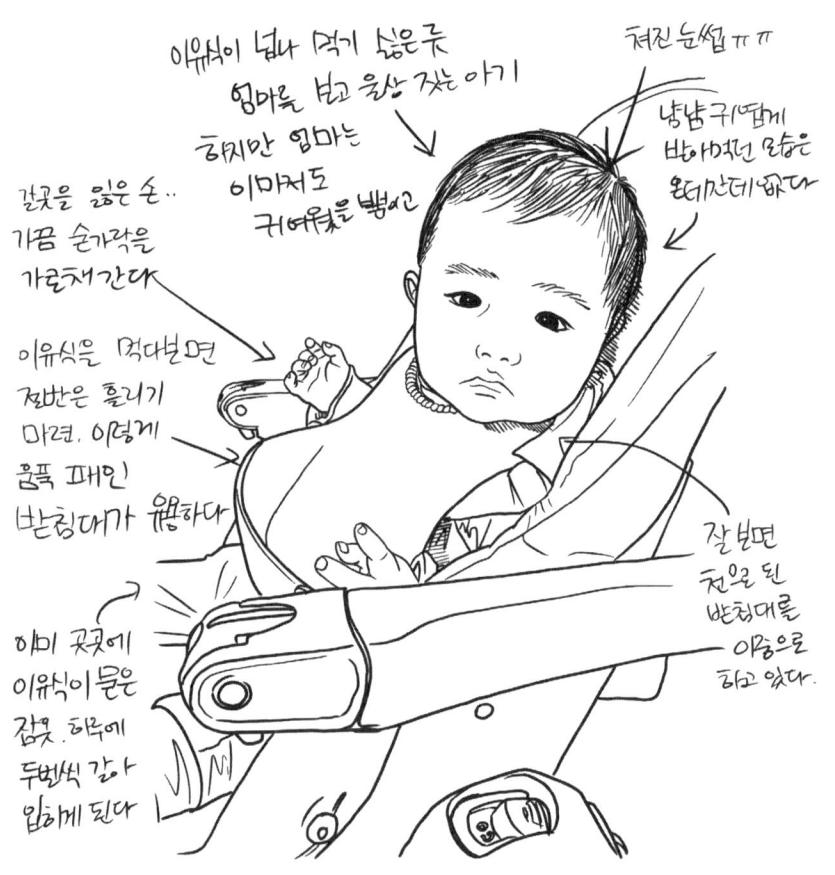

3부 견디기 쉽지 않을 걸, 아기 말고 너

거지가 들은 것처럼 밥을 잘 먹다가도 기분이 안 좋거나 속이 좋지 않은 날이면 밥그릇을 반도 비우지 못하는 게 사람이다.

'까꿍 놀이'를 재미있어 하는 이유

그런데 6개월 이전의 아기는 그런 게 거의 없다. 심지어 자기 몸의 불편함마저 잘 인식하지 못하기도 하니까. 호불호가 없는 모습이기 때문에 아이를 처음 집에 데려온 부모는 무섭고 불안하다. 혹시 아기가 모르는 불편함이 있으면 어쩌나, 하는 것이다. 그렇게 대여섯 달이 지나면서 아이를 기르는 게 익숙해진다. 아기가 반응하지 않거나 이유 없이 울기만 해도 적절히 상황을 판단해서 필요하면 기저귀를 갈아주거나 병원에 데려갈 수 있게 된 것이다.

그런데 상황이 바뀌었다. 아기의 감정이 풍부해졌기 때문이다. 이전의 아기가 웃기(Good) 울기(Bad)라는 이분법적 표현에 의존했다면 이제는 다양한 감정을 드러내기 시작한다. 예를 들면 옆의 그림처럼 말이다. 이유식이 먹기 싫은데 반강제로 입을 벌리고 숟가락을 들이밀자 울상인 표정을 짓는 것이다. 아빠와 시선을 피하고 엄마를 쳐다보며 애절한 눈빛까지 발사한다.

목소리로도 감정을 전달한다. 추측건대 '이이이이~' 하면서 끝을 길고 높게 빼면 'I want'라는 뜻이다. 뭔가를 달라고 하거나, 불편하다거나, 아무튼 뭔가 해달라는 뜻이다. '꺄아!'는 신기하거나 기분이 좋을 때. 손을 뻗는 동작도 자주 보인다. 이건 당연히 '줘'라는 뜻.

'까꿍 놀이'를 했을 때 재미있어 하는 아기의 모습도 이때쯤 나타나는데, 이것 또한 아기가 '인지'의 세계에 들어섰다는 근거 중 하나라고 한다. 어떤 사람들은 '없어졌던 것이 다시 나타나니 기뻐한다'고 하고, 어떤 이는 '수건 뒤에 엄마의 얼굴이 숨어 있다고 예상하는데 정말 엄마가 나타나자 기뻐한다'고도 설명한다.

이는 피아제의 인지발달이론 중 1단계 격인 '감각 운동기'의 가장 중요한 특성인 '대상 영속성'을 깨달아가는 과정이라고 할 수 있다. 대상이 눈 앞에서 사라지더라도 '존재'는 사라지지 않는다는 것을 알게 되는 것 말이다.

아, 아기가 바야흐로 인지의 세계에 들어서기 시작한 것이다.

물론 마냥 행복하다고는 안 했습니다

이게 마냥 행복할 것 같지만 꼭 그렇지도 않다. 인지와 자아의 세계의 입구에 첫발을 내딛은 아기는 모든 게 혼란스러워 보였다.

쉽게 말하면 분유든 이유식이든 주는 대로 받아먹던 아기가 인상을 쓰거나 입을 꼭 닫고 표정을 찌푸리곤 한다. 냠냠 귀엽게 받아먹던 모습은 온데간데없고, 이전에 먹던 양의 절반도 먹지 않고 발버둥치는 모습에 엄마도 지치고 아기도 지치고 눈치 보던 아빠도 지치고… 눕히면 일으켜라, 일으키면 앉혀라, 뺏어가면 도로 가져와라, 그야말로 생난리다.

그래도 아기 처지에서 생각해보면, 아기가 얼마나 혼란스러울지 알기 때문에 짠한 마음도 든다. 생각해보라. 태어나면서 처음 '애정'을 느꼈던 순간을 기억해보라. '이게 첫사랑이라는 건가? 왜 심장이 이러지? 왜 쟤를 보면 막 짜증을 내고 도망치게 되는 거지? 왜 얼굴이 자꾸 빨개지지?' 지나고 나면 그게 호감이었구나, 알게 되지만 그때는 그게 뭔지, 내가 누구인지 알 수 없게 되는 것이다.

아기는 아마 그런 혼란을 매일처럼 겪고 있는 게 아닐까. 그렇게 사람이 되어가는 너를 보며 더 열 받는, 아 아니 즐거운 미래를 그려본다.

내가 연기파 배우다, 과즙망과 함께라면

7개월 아기에게 과즙망을 주었더니…

    7개월이 지나고, 새해가 밝아 한국 나이로 두 살이 되어버린 아기. 새해를 맞아 뭐라도 해야 할 것 같아 도전한 첫 번째 물건(?)은 바로 과즙망이었다.

    과즙망이라고 해봐야 별 것 없다. 과일을 잘게 조각내 실리콘 망 안에 넣어준다. 적당히 레버를 돌려 과즙이 잘 나오게 고정해준 뒤, 아기에게 쥐어준다. 과즙망이 아니라 똥기저귀도 입으로 가져갈 나이이므로 아기는 당연히 과즙망을 입에 문다. 찹찹, 빨면 바로 신세계가 펼쳐지는 것이다. '어? 왜 이런 맛이?'라는 표정. 내가 초등학교 때 처음 종이테이프 과자를 먹었을 때 이런 기분이었을까?

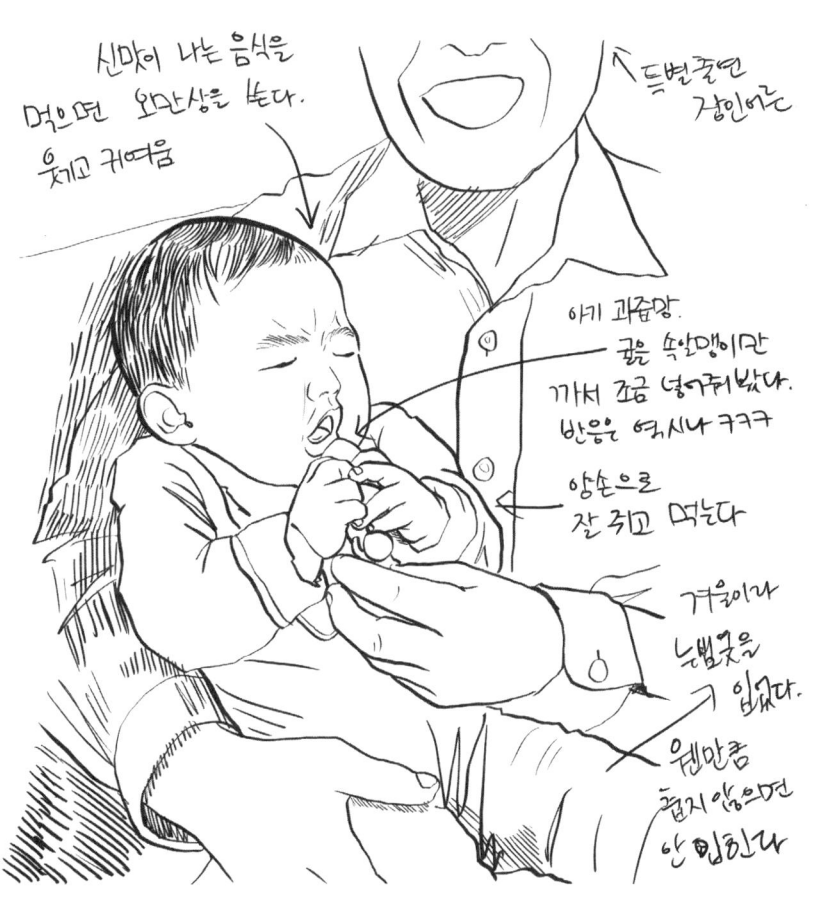

아기에게 과일을 슬슬 먹여야 하는 실질적인 이유도 있다. 이유식을 잘 먹기 시작해 2단계로 바꾸기 시작하니 아무래도 분유를 잘 먹지 못하게 되고, 그러다 보니 분유에 든 유산균 섭취가 줄게 되고, 그러다 보니 변을 보지 못하는 경우도 있다. 과즙이 장 운동을 돕기 때문에 일부러라도 과즙망을 들이대야 하는 것. 뭐 여건이 안 된다면 시중에서 파는 과일 퓨레를 사 먹이는 방법도 있다.

개인적으로 과일을 통으로 잘라 주는 것은 매우 크게 반대. 아기가 무는 힘이 좋아져서 과일 심지가 약하면 부러진다. 우리도 사과를 몇 번 쥐어줬다가 입에 덩어리가 들어가는 바람에 깜짝 놀랐던 기억이 있다. 아직 넘기는 실력이 부족하므로, 자제하기를 권한다.

과즙망에서 시작해 으깬 과일, 큐브 과일 순으로 가라는 게 베이비센터의 권유다. 오렌지, 키위, 파인애플처럼 신맛이 강한 과일도 아기에게는 천천히 시도하는 게 좋다. 그러나 우리는 7개월 아기에게 귤을 까서 줬다는 게 함정. 그 결과가 위 그림이다. 신맛의 세계를 겪어버린 아기는 오만상을 썼다. 그러나 조금 있다 다시 입에 가져가 보더니 잘 먹더라. 생각해보면 우리 아기는 이유식을 본격적으로 먹기 시작한 7개월부터 턱을 이용해서 씹는 모습을 흉내 냈으니, 역시 가리는 음식이 적은 편이었다. 물론 아직 유치가 나지 않았다는 점이 마음에 좀 걸린다. 빠른 아기는 6개월부터도 난다고 하던데 말이다 (결국 우리 아기는 첫니가 거의 17개월에 나왔다).

아무래도 먹성은 아빠 닮은 것 같다. 큰일이다(?). 아니 과일을 좋아하는 건 엄마 닮았나? 아무래도 건강한 식생활을 위해 일찌감치 노력해야겠다.

Tip 8

과일 막 먹이지 말라

아기에게는 어떤 과일을 먹일 수 있을까? 알 수 없는 이유로 블로그 불신에 빠진 나, 또 외국 사이트를 뒤졌다. 베이비센터에 있는 정보를 또 읽게 되었다. 정리가 깔끔한 웹사이트다. 이곳에서 제공하는 아기 음식 먹이기 관련 정보는 다음과 같다. 원래 링크에는 과일 뿐만 아니라 모든 맘마(feeding)에 대한 정보가 담겼지만, 여기에는 과일 관련 정보만 옮긴다.

0~4개월
모유나 분유만 먹어야 하는 시기. 과일은 안 된다.

4~6개월
고형식(solid food)을 시작할 수 있는 조건은 이렇다. 고개를 가눌 수 있고 하이 체어에 똑바로 앉을 수 있을 것, 생후 몸무게의 두 배 이상이 되는 수준의 뚜렷한 체중 증가가 있고, 최소 몸무게가 5.8kg(13파운드) 이상일 것, 수저를 물고 입을 다물 수 있을 것, 입 앞쪽에서 뒤쪽으로 음식을 옮길 수 있을 것(마지막 조건이 애매한데, 결국 해보는 수밖에 없다).
※ 먹일 수 있는 과일: 퓨레 형태의 사과, 바나나, 복숭아(웹사이트에서는 추천하지만 사실 복숭아는 비추. 알레르기가 있을 수 있다).
※ 아기에게 새로운 음식을 시도할 때는 안 먹으면 며칠 후 다시 시도해봐라. 또한 한 번에 한 종류의 새 음식을 시도하고 2, 3일간 유지하라. 알레르기 반응을 살펴야 하므로, 새 음식을 도전하는 순서는 상관없다. 아기 진찰해주는 선생님과 상의하기를 권한다.

6~8개월
퓨레 또는 고형 과일(바나나, 배, 사과소스, 복숭아, 아보카도). 티스푼으로 시작해 조금씩 늘려 나가면 된다.

8~10개월
고형의 핑거 푸드를 시작하게 되는 시기. 엄지와 검지로 사물을 집을 수 있게 되고, 한 손에서 다른 한 손으로 물건을 옮길 수 있고, 죄다 입으로 가져가며, 턱으로 씹는 모습을 할 수 있게 됐을 때. 으깬(갈아서 먹이면 되겠지요?) 바나나와 복숭아, 배, 아보카도를 시도할 수 있다.

10~12개월
음식을 보다 쉽게 삼킬 수 있고, 이가 많이 났으며, 혀로 음식을 입 밖으로 더이상 밀어내지 않게 되고, 숟가락을 쓸 수 있게 됨. 으깨거나 큐브로 자른 과일을 먹이길 추천한다.

출처 : 베이비센터닷컴(babycenter.com)

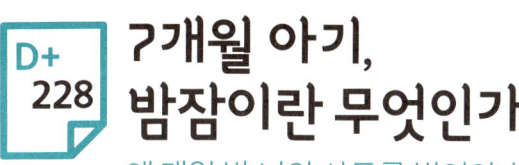

7개월 아기, 밤잠이란 무엇인가

왜 매일 밤 너와 사투를 벌여야 하는가

버팀목인가, 위안물인가?

이는 얼마나 진지하고 깊은 화두인가? 사실 그렇지도 않다. 그냥 아기가 잠을 깨는 이유를 생각하고 있을 뿐이다.

버팀목은 나에게 없으면 안 되는 것을 말한다. 어른을 기준으로 한다면 돈, 직장, 술 같은 것을 말한다. 위안물은 있으면 좋은 것, 없으면 금방 찾을 수 있는 것이다. 한 사물이나 존재가 나에게 버팀목인지 위안물인지를 고민해보는 일은 퍽 철학적이다. 가족은 나에게 어떤 의미인가? 돈은? 명예와 체면은? 이런 중대하고 어려운 화두가 무려 7개월밖에 되지 않은 아기에게도 있다.

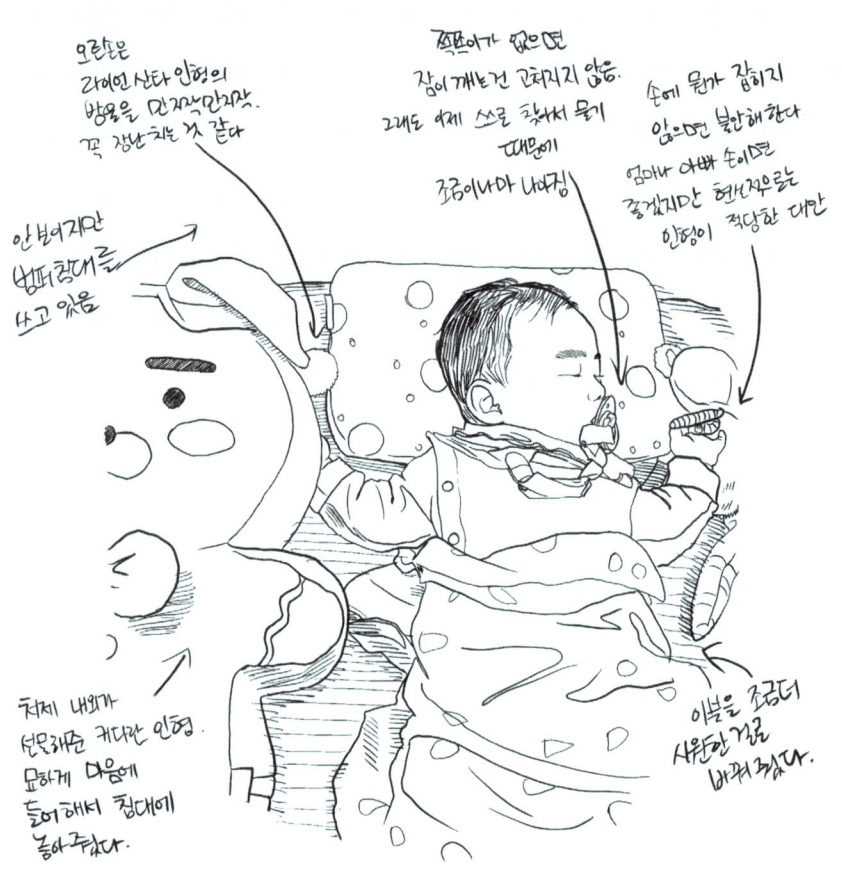

쪽쪽이란 무엇인가

쪽쪽이. 물리자니 걱정되고 안 물리자니 도무지 답이 안 나오는 것. 우리는 한 달에 며칠씩 쪽쪽이를 물려야 하나, 안 물리고 재워야 하나, 고민 고민의 밤을 보냈다. 쪽쪽이를 안 물리고 며칠간 사투를 벌인 엄마는 한때 '쪽쪽이 없는 밤잠'이라는 쾌거를 거두기도 했다. 그래 봐야 보름도 가지 않아 다시 쪽쪽이를 찾았지만 말이다.

그런데, 아기의 밤잠으로 고민해본 엄빠라면 누구나 한 번쯤은 들어봤다는 책 『베이비 위스퍼』의 저자 트레이시 호그는 이미 명쾌하게 답을 내리고 계셨다. '누가 도와줘야 한다면 버팀목, 스스로 찾아갈 수 있다면 위안물'이라고 했다. 위안물이라면 굳이 쪽쪽이를 물리지 않은 채 재우려고 각고의 노력을 할 필요가 없다고 했다.

아기가 생후 7개월이 되니 그의 말이 맞는다는 생각이 들었다. 6개월까지만 해도 쪽쪽이가 입에서 빠지면 자지러졌던 아기가 이제는 끙끙대며 손으로 쪽쪽이를 잡아 입에 구겨 넣는데 다시 잠들기 시작했기 때문(물론 세 번에 한 번은 구겨 넣는 데 실패해서 자지러진다만).

그것이 끝이 아니었다

그래서 아빠 엄마 아기가 모두 행복한 10시간 밤잠 시대를 열었답니다(^o^)/… 였다면 얼마나 좋았을까. 알고 보니 쪽쪽이는 그냥 지나가는 무엇일 뿐이었다. 진짜는 따로 있었던 것이다. 바로 이름만 들어도 엄마들을 공포에 떨게 한다는 분, 리, 불, 안. 그것이었다.

우리 아기는 아직 분리불안이 심하진 않은 편. 그러나 어두운 곳, 밤잠이라는 공포 요소가 도사리는 침실에서는 다르다. 엄마가 보이지 않으면 1초도 견디지 못하고 찡찡대거나 울음이 터진다. 가끔은 아빠가 다가가도 전혀 달랠 수가 없다. 엄마도, 아빠도 미치고 팔짝 뛸 노릇이다. 엄마의 존재 외에는 대안이 없다니, 이건 웬만한 팬심을 넘어서는 그 무엇인 것이다.

7개월의 새벽은 이렇다. 아기가 깬다. 인기척을 살핀다. 엄마가 없다. 운다. 엄마가 안 깬다. 급한 대로 아빠가 달래 본다. 계속 운다. 엄마가 깼다. 아빠를 밀쳐내고 아기를 달랜다. 잠이 든다. 딱딱한 범퍼 침대에서 엄마가 같이 잔다. 아침에 일어나니 잠을 잔 건지 멍석말이를 당한 건지 헷갈릴 지경이다. 엄마는 삭신이 쑤신다. 아빠에게 짜증을 낸다. 아빠도 도움이 못 되니 짜증이 난다. 몸도 마음도 지친 부부가 다툰다. 가정이 무너지고 사회가 무너지고….

이러다가는 정말 안 될 것 같았다. 결국 해결책은? 제일 좋은 건 또 수면교육을 하는 것이겠지만, 굳이 아기를 공포에 빠뜨리고 싶진 않았다. 결국 아빠가 밤잠 도우미가 될 수 있도록 아기와 친밀해지는 수밖에 없었다. 엄마의 영도 아래 아빠가 몇 번 낮잠을 재웠다. 아침 출근 전에 아기가 깨면 꼭 인사를 해주고 기저귀도 갈아주고 존재감을 과시했다. 다행히 1개월 정도가 지나자 아빠가 달래줘도 잘 잔다(물론 밤잠을 재울 때는 엄마가 없으면 안 된다. 물론 몇 달 뒤 아기는 또 아빠와의 낮잠을 강렬히 거부했다고 한다^^).

잠이란 무엇인가

아기에게 밤잠이란 공포스러운 것이라고 한다. 잠드는 것에 대한 개념이 없다 보니 서서히 의식이 사라지는 것이 기쁠 리 없다. 글을 쓰고 있는 지금(밤 11시)도 아기는 뒤척이며 끙끙댄다. 오늘도 엄마 아빠가 돌아가며 딱딱한 매트 위에서 잠들어야 하겠지.

그렇지만 절대 아기를 미워하거나 짜증 내지 말자. 생각해보면 우리도 초등학생 때까지 어두운 방에서 혼자 자는 걸 무서워했다. 악몽을 꿔서 당장이라고 엄마 아빠가 계신 방으로 뛰어가고 싶었던 그 기억을 떠올려 보자. 옷걸이에 걸린 옷을 귀신으로 착각해서 눈도 못 뜨고 벌벌 떨었던 철없는 나를 기억해보자.

6, 7개월밖에 되지 않은 아기는 어련할까? 절대 화를 내거나 아기를 미워하지 말자. 몸이 좀 피곤하면 대안을 찾자. 이맘때 아기의 밤잠 설침을 '바뀔 수 있는' 변수가 아니라 상수로 받아들이고, 아기를 달래줄 수 있는 프로세스를 단순화, 효율화하는 방법을 찾자. 그게 '으른' 아닐까.

흔들흔들, 꿀렁꿀렁
리듬 타는 8개월 아기 보셨나요?

처음엔 뭔가 잘못된 줄 알았다. 혹은 몸이 불편하거나. 이유 없이 몸을 꿈틀대니까. 그런데 아, 그게 아니었다.

음력 설날 연휴였던 1월의 어느날 우리 가족은 친가에서 저녁을 먹고 인근 한 호텔에서 묵었다. 친가에 아기 물건이 많이 없어 잠만 호텔에서 자고 다시 집으로 가기로 해서다. 24일 아침, 체크아웃을 준비하려 아기를 잠시 침대 위에 눕혔다.

아빠는 너무 조용한 것이 싫어 음악을 틀었다. 당시 핫(hot)하다는 Tones and I의 'Dance monkey'. '에,에- 에,에-' 하는 소리와 함께 본격적으로 비트가 흘러나온 순간 아빠의 눈이 동그래졌다. 아기

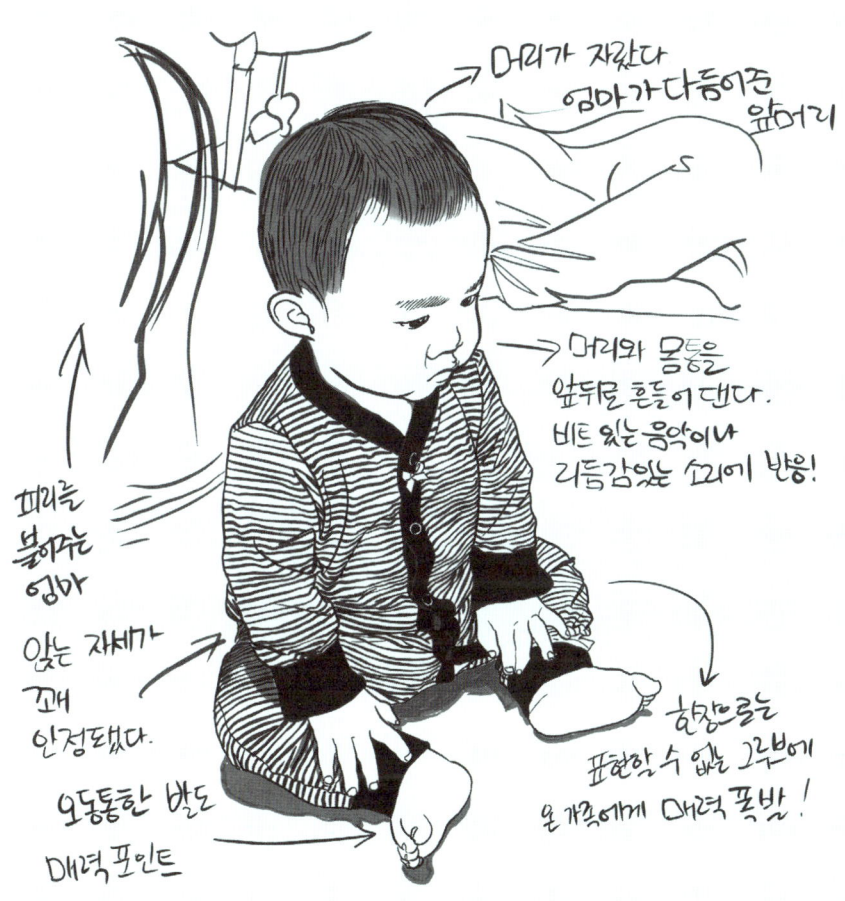

가 까딱까딱 고개를 흔드는가 싶더니 머리와 몸통을 번갈아가며 꿀렁대는 것 아닌가.

처음에는 아기가 토하려는 줄 알고 당황해 일으켰는데, 그건 아니었다. 그렇다면 설마… 그럴 리가 없었다. '아 내가 진짜 팔푼이 부모가 다 됐구나. 8개월 아기가 리듬을 탄다고?'

아빠는 혹시나 하는 마음에 음악을 다시 틀었다. 이럴 수가. 아기는 정확히 본격적으로 비트가 흘러나오는 후렴구에서만 고개를 흔드는 것이었다. 아빠는 박장대소할 수밖에 없었다.

며칠이 지나니 춤사위는 더욱 거칠어졌다(?). 누워서뿐만 아니라 앉아서도 까딱까딱. 비트가 있거나 리듬감이 있는 소리만 들리면 고개를 까딱까딱 하느라 정신이 없다. 심지어 엄마가 피리를 불어줘도 신나서 까딱까딱. 느린 박자에는 반응이 없다가 적당히 빠른 속도의 음악이 나오면 또 까딱까딱. 황당한 모습에 친가 처가 할 것 없이 최고의 스타로 등극하고야 말았다.

아빠는 "아무래도 동요보다 재즈와 영국 음악을 많이 들려준 덕이다. 갓난아기 때도 콜드플레이 음악만 들으면 울다가도 그쳤다"라고 주장했다. 물론 확인된 것은 없다. 아기만이 진실을 알 뿐. 두 돌이 지난 지금은 뽀로로와 타요 주제곡을 좋아하고 즐겨 부르신다.

아기는 정말 음악을 알아들은 것일까?

2017년 한 연구에서는 '6~9개월 아기는 경쾌한 음악이 나올 때 같은 인종의 사진을, 슬픈 음악이 나올 땐 다른 인종의 사진을 바라본다'는 결과를 내놓은 적이 있다고 한다. 유아의 인종 인식에 대해 알아보려는 의아한(?) 연구였지만, 여기서 내 눈길을 끈 것은 아기가 '경쾌한 음악'과 '슬픈 음악'을 구분한다는 점이었다. 여러 글을 보면 10개월 된 아기는 음악을 기억하고 즐거워하는 능력이 있어 보인다.

그렇다면 춤을 추는 동작을 하는 이유는? 이건 아기가 부모의 모습을 기억하고 따라하는 것일 가능성이 높다. 8개월을 넘어 9, 10개월에 들어서는 아기는 기억력이 생기는 데다 가장 많이 접하는 부모의 행동을 모방하기 시작하기 때문이다. 결국 아기의 둠칫둠칫 리듬 타기는 부모님의 리듬 타기를 흉내 낸 결과일 가능성이 크다는 것이다. 몹쓸 동작을 가르쳐주었나….

어쨌든 아기가 음악도 알아듣고 부모를 잘 모방한다는 건 기쁜 소식이다. 또 그러면서 아기도 부모도 너무 재미있어 한다는 것도 기쁜 소식이다. 앞으로도 이렇게 사람 같은(?) 모습을 엄마 아빠에게 하나씩 선보일 예정인 것도 기쁜 소식일 뿐이다.

요동치는 아빠의 마음
8개월 아기를 보는 아빠의 심정

엄마만 찾는다, 아빠는 서럽다

7개월이 지나고 8개월이 지나자 아기가 사람이 됐다. 감정이 생기고 판단을 하고, 나아가 표현까지 하기 시작했다. 이전에는 물리면 먹고, 누여주면 자고, 보여주면 보고, 만지라면 만지는 기계 같은 아기였는데, 이제는 제 나름대로 재어보고 판단하고, 마음에 안 들면 소리도 버럭버럭 지른다.

며칠 전 주말 엄마가 외출을 했다. 아빠의 홀로 육아는 고통스럽다. 연애할 때보다 두 배, 아니 열 배는 자주 엄마가 보고 싶다. 낮이야 뭐 어찌어찌 버티겠지만 문제는 밤이다. 딸은 아직 밤잠을 아빠와 시

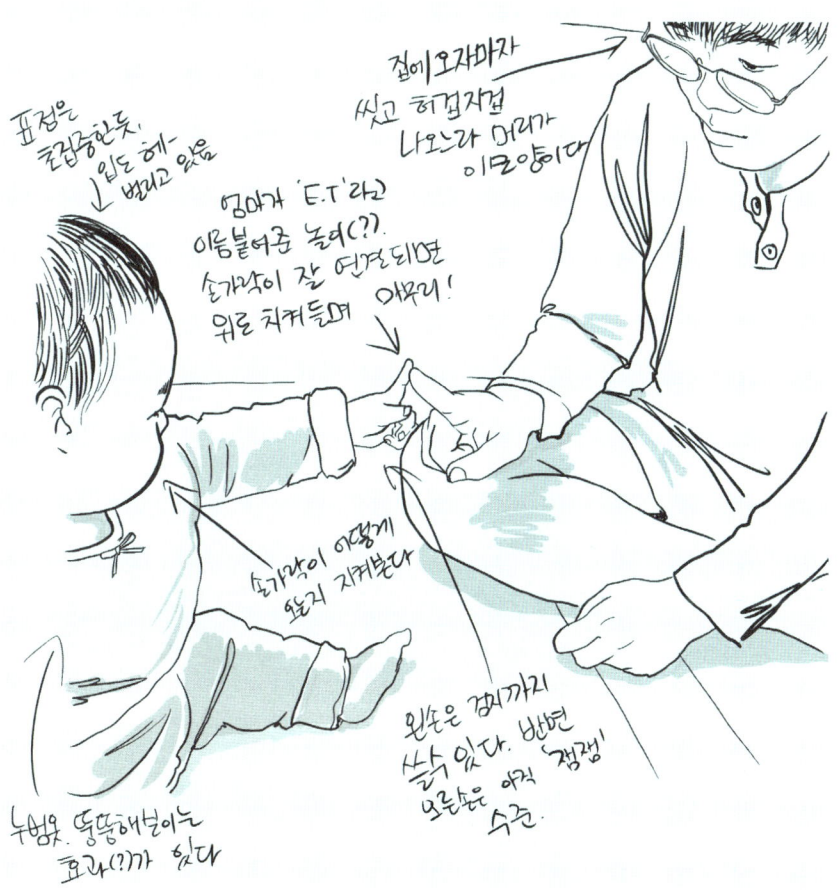

작해본 적이 없다. 희한하게 밤잠을 잘 때만 엄마를 각별히 찾는다.

엄마가 아기 밤잠 시간 전에는 들어올 줄 알았는데, 어쩌다 보니 늦어졌다. 아기는 졸리고, 엄마는 없다. 비극이 시작됐다.

눈을 비비며 졸려하는 아기. 데려가 침대에 뉘어 보았다. 운다. 달래 봤다. 안 된다. 포기. 거실로 데려와 앉혔다. 그렇지만 엄마가 없는 것과 졸린 건 또 별개 아닌가? 졸린데 자기를 거실에 앉혀 놨다고 칭얼댄다. 앗 그런데 엄마도 없잖아? 급 서럽다. 입이 네모가 됐다. 찡찡댄다. 안아줬다. 찡찡댄다. 다시 뉘었다. 자기를 재우려 한다고 짜증낸다. 엄마가 없다. 운다. 이 순간 아빠는 그냥 무존재에 가깝다. 얼마 뒤 엄마가 왔다. 잠시 칭얼대는가 했더니 곧 잠이 들었다. 허탈감.

우리 아버지들의 마음이 이랬을까

아빠야 딸에게 각별한 마음을 갖겠지만, 딸 처지에서는 기껏해야 하루에 2, 3시간 보는 별로 친하지 않은 인간 중 한 명일 뿐이다. 퇴근 후 오후 늦게라도 아기와 친밀한 시간을 보내 보려 하지만, 어디 쉬운 일인가? 밤잠이 조금 빠른 아기라면 가자마자 아기를 씻기고 재워야 한다. 하루에 얼굴 두 번 마주치고 친밀해지기를 바라는 건 욕심인 것 같다. 거기에 밀린 집안일까지 해야 한다면?

결국 아빠의 선택은 아기와 손이라도 몇 번 잡아보는 일. 그리고 서로 합이 맞는(?) 몇 가지 동작을 반복하는 일뿐이다. "그래도 우리 친구잖아?" 정도의 표현이라고 할까. 손가락이나 몇 번 맞춰보고, 악수하고, 입 모양을 따라하는 게 전부다. 그러고도 아기에게 쏟는 정성이 좀 부족한 마음이 들 때면, 인터넷에서 아기 장난감이나 옷을 주문하는 정도다.

아, 우리 아버지들이 밤늦게 퇴근할 때 양손에 뭔가를 잔뜩 사들고 오던 그 마음이 이런 것이었을까? 충분히 잘해주지 못한 미안함과 더 많은 시간과 경험을 함께하고 싶은 마음, 그러면서도 피곤해 혼자 쉬고 싶은 마음이 복잡하게 얽혔을 것이다. 그나마 주 5일 근무가 당연하고 저녁이 있는 삶이 각광받는 지금과는 달리 주6일 근무와 야근이 당연했을 때니 더 절박한 마음이었을 것이다.

초보 엄빠들은 지금이라도 늦지 않았으니 아버지에게 "내가 한 살 때 아버지는 어떻게 지냈느냐"라고 물어보면 어떨까 하는 생각이 든다. 보통은 "네가 어떻게 크는 줄도 몰랐다" "어느 날 보니 걷고 있더라"는 답이 돌아올 것이다. 그 말에 흐르는 감정에 공감하는 시간을 가져보시길 바란다. 초보 엄빠인 당신에게도 시사하는 바가 클 것이다.

혼자 서는 것도 무서운 쫄보
재미로 세워봤을 뿐인데

"아빠들에게 아기를 맡기면 생기는 일."

뭐 이런 식으로 시작하는 인터넷 짤 모음을 본 적이 있다. 아기를 가지고 온갖 장난을 치는 아빠들의 모습이 담겨 있었다. 아기 얼굴에 낙서를 하거나, 아기와 스릴 있게 놀아주는 모습들. 이유는 알 수 없지만 나도 가끔 그런 마음이 든다. 평소에는 장난을 치는 것도, 당하는 것도 싫어하는데 왜 그렇게 아기한테는 장난을 치고 싶을까?

장난이 얼마나 재미있게요?

그렇다고 장난을 심하게 치는 편은 아니다. 아기의 발달은 어떤지,

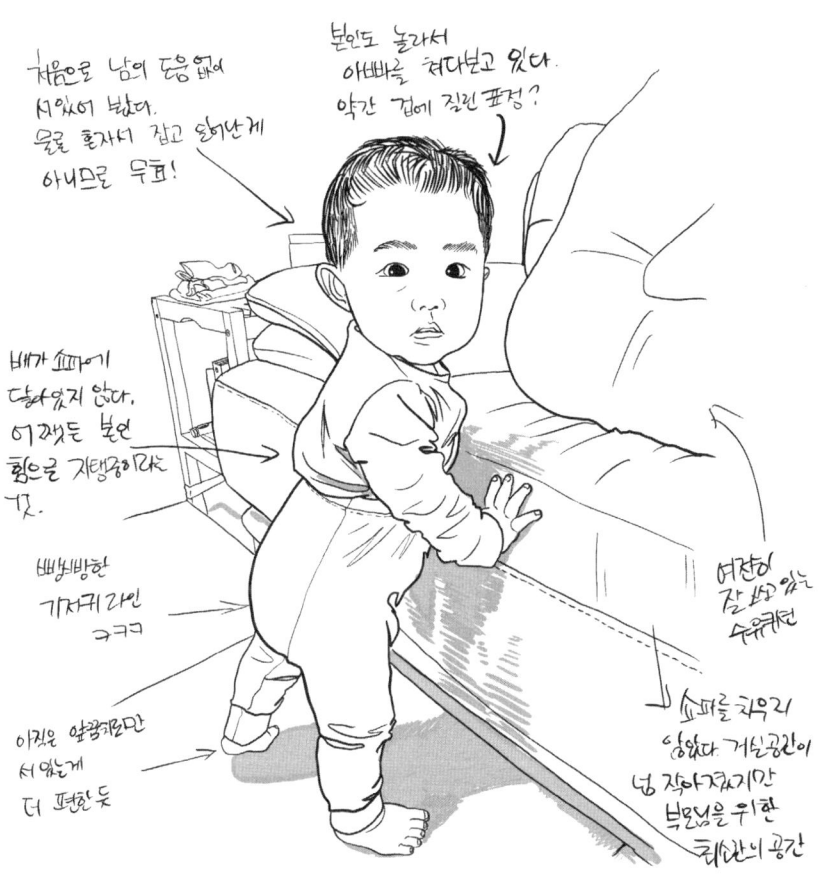

뭘 싫어하고 좋아하는지를 알아내기 위한 실험 같은 것…이라고 핑계를 댄다. 예를 들자면 이런 것이다. 블라인드를 무서워하는 아기에게 무섭지 않다는 것을 알려주기 위해 블라인드 끝에 머리를 쿵 하고 가져가 보는 것이다. 아기는 눈을 찡그리며 쪼는데, 이게 웃기기도 하고 블라인드에 괜한 공포심을 가지지 않았으면 하는 마음도 들고 해서 몇 번을 더 해본다. 결론은? 아기 엄마의 호통이지 뭐.

이날은 엄마가 주말 외출을 한 날이었다. 꽉 찬 8개월이 되도록 기어 다니기는커녕 겨우 '엎드려 뻗쳐' 자세를 하는 아기를 바라보고 있자니 다양한 생각이 들었다. '사실 애가 다 할 수 있는데 귀찮아서 안 하는 것 아닐까?' '기고 서는 것이 얼마나 즐거운지 모르는 거 아닐까?' 같은 쓸데없는 생각.

그런데 이 생각이 딱히 또 틀린 것도 아닌 것이, 우리 아기는 정말이지 도전정신이 부족하다. 한두 번 해보고 안될 것 같으면 매우 맘 편하게 포기한다. 예를 들면 두 번 정도 배밀이를 하면 가져갈 수 있는 장난감이 눈앞에 있어도 한두 번 낑낑대다 포기하고 휙 돌아서는 식이다.

서 있는 것마저 무서운 우리 쫄보

그래서 호기심이 든 아빠는 아기를 소파 앞에 세워봤다. 두손으로 소파를 잡은 걸 확인한 다음에 슬며시 겨드랑이를 잡았던 손을 빼

보았다. 오, 그런데 제법 잘 서 있는 것이 아닌가? 1초, 2초, 3초… 10초 정도도 거뜬했다. '역시 아빠의 감이 틀리지 않았군' 스스로 대견해하면서 사진을 찍어 엄마에게 보냈다. 그래야 빨리 들어올 것 같아서(이래서 엄마들이 하루 종일 아빠한테 아기 사진을 보내는구나).

더 웃긴 것은 혼자 서 있는 것이 익숙하지 않은 아기가 금세 울상이 됐다는 것. 아빠한테 가고 싶은데 걸을 수가 없으니 가뜩이나 처진 눈이 더 처진다. 입이 삐죽대기 시작하자마자 다시 안아줘야 했다. 역시 세상 쫄보다운 반응.

어쨌든 장난기가 발견한 아기의 잠재력(?). 그래 너는 조금 쫄보일 뿐이구나. 언제 그랬나 싶게 잘 걷고 뛰어다니겠지. 다만 남들보다 조금 (많이) 신중할 뿐이구나. 그래, 엄마랑 아빠는 조급해하지 않고 기다릴게.

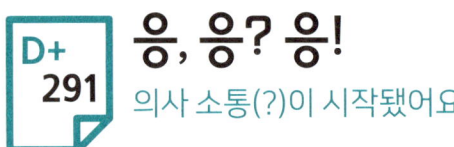

응, 응? 응!
의사 소통(?)이 시작됐어요

"애기야, 맘마 먹을 거야?" "응!"

"아니면 안 먹을 거야?" "응!"

"무조건 응이라고 할 거야?" "응."

엄마가 의문문으로 물어보면 아기가 대답한다. 물론 '응' 한마디뿐이지만. 아빠랑은 '응' '응?' '응!' '으응~'으로만 구성된 대화를 하기도. 물론 도무지 무슨 뜻인지를 알 수가 없다. 그냥 서로 말소리를 주고받는 것 자체를 놀이처럼 생각하는 듯.

모든 대화는 '응'으로 통한다

9개월에 들어서면서 아기가 꽂힌 놀이는 두 가지다. 첫 번째는 방금 말한 '응' 놀이. 아무 때나 하지는 않고, 상대방이 말 끝을 높일 때만 대답한다. 그리고 엄마가 헛기침을 '에헴 에헴' 하면 따라서 '켁 켁' 한다. 처음에는 아기가 감기에 걸린 건지, 집이 너무 건조한 건지 걱정했는데 알고 보니 엄마를 따라 하는 거였다. 허탈하기도 하고, 웃기고 귀엽기도 하고.

이렇게 아기가 엄마를 따라 하는 것을 모방 놀이라고 표현한다. 빠르면 7, 8개월부터 나타난다고 한다. 하필 왜 하고 많은 동작 중에 '켁 켁'을 따라 하는지는 모르겠지만, 어쨌든 100일 때부터 입의 움직임에 관심이 많았던 아기이니 그러려니 한다. 사실 이미 아빠의 '뽀뽀'와 '쪽쪽' 입모양을 따라 하고 있기 때문에.

'찍기 놀이(pointing)'는 소근육 발달의 증거

두 번째는 '찍기' 놀이. 손가락으로 물건이나 그림의 무늬를 가리킨다. 동그라미, 동물, 점, 구멍처럼 눈에 확 띄는 무늬를 찍는다. 손가락으로 직접 뭔가를 가리키는 행동을 '포인팅'이라고 하는데 보통 10개월쯤 나타난다고. 역시 손 쓰는 것 말하는 것 좋아하던 우리 아기 그것만 빠르구나. 아직 기어 다니지도 못하는 것이 아주 자잘한 재미에만 빠졌구나 싶어 웃기고 귀엽다.

물론 항상 이렇게 예쁘고 귀여운 건 아닌데, 의사 표현이 조금씩 뚜렷해지며 '싫음'을 표현하는 방법도 다양해졌기 때문. '으으응~' 하는 건 애교 수준이고, 엄마를 부르거나 하기 싫다고 할 때는 '으아아아!' 하고 소리를 지른다. 그래도 가만히 두면 결국 "꺄아아아아아아앙!! 앙라아아앍!!!" 하고 소리를 지르는데, 농담 아니고 내 목소리보다 큰 것 같다.

아무래도 이제 '아기를 잘 돌본다'는 개념이 바뀌어버린 것 같은 느낌적인 느낌. 이전에 아기를 잘 돌본다는 것이 제때 먹이고 제때 재우는 등 신체와 생존에 대한 요소가 대부분이었다면, 이제는 잘 보여주고 잘 말해주고 잘 대답해주는 정서적, 인지적인 측면이 더 중요해지지 않았나 하는 생각. 쉬워진 듯 어려워진 듯 항상 알쏭달쏭한 육아의 세계다.

윙크 한 번에 녹아내리네
실력이 일취월장, 고통도 일취월장(?)

으아, 예뻐 미치겠다.

우리 부부는 퍽 냉정한 편(?)이라 뭐 이런 말을 잘해본 적은 솔직히 없다. '녹아내린다'는 느낌을 잘 받아본 적이 없다고 해야 할까. 아기는 너무 예쁘고 사랑스럽지만, 그렇다고 육아의 힘듦이 한 방에 녹아내릴 정도는 아니었다고 할까. 인스타그램을 보면서 '너 때문에 산다' '너 장가보낼 생각에 벌써 질투 난다' 같은 글을 볼 때면 살짝 오버라고 생각한다.

지금도 그 생각엔 변함이 없지만, 요즘 아기 모습을 보면 그 느낌이 뭔지 조금 알 것만 같은 느낌이다. 며칠 전에 이모에게서 윙크를 배

워왔기 때문이다.

앞에서 어른이 '윙크!' 하면서 한쪽 눈을 찡긋한다. 그러면 아기는 1, 2초 정도 버퍼링이 진행된다. 그리고 난 뒤 두 눈을 찡긋 하면서 웃어 보인다. 한쪽 눈만 찡긋할 수 없으니 저 나름대로 최선을 다하는 건데, 이게 그렇게 예쁘고 귀여울 수가 없다. 의사소통이 이뤄지니 그런 것뿐 아니라 엄마 아빠 앞에서 찡긋 웃어 보이는 그 표정이 진정한 킬링 포인트다.

한 번 말을 조금씩 알아듣기 시작하자 정말 무섭게 반응이 늘고 있다. 윙크에 못지않게 재미있는 건 짝짜꿍 놀이(?)다. 짝짜꿍 하면서 박수를 하면 자기도 질세라 두손으로 박수를 한다. 그러면서 양손이 생각처럼 맞지 않으면 손깍지를 끼고 '왜 이 손은 안 움직이냐' 하는 표정으로 한참을 고민하는데, 이게 또 귀엽다. 그러면 손가락이 자유자재로 움직이는 아빠나 엄마 손이 궁금한지 옆에 있던 엄빠의 손을 가져다가 한참을 살펴본다(물론 마지막은 입에 넣기!).

10개월 아기는 보통 한 가지 단어를 오만데 가져다 쓰면서 언어생활을 시작한다고. 우리 아기는 '음'으로 시작해 요즘은 '맘마 맘마'에 제일 빠져 있고, 가끔 이상한 소리도 낸다. 아기가 이것저것 연습하다 우연히 새로운 발음을 낼 수 있다고 하는데, 팔불출 부모는 '아기가 새로운 발음을 하게 됐다'라고 좋아할 것이고, 그게 아니라도 "와 잘했어!" "대단해" 정도로 화답해주면 좋다고. 육아는 힘들다.

Tip 9

아이의 집중력이란

아 참, 그리고 아기가 너무 산만한 것 같아 고민이었는데, 이 시기 아기의 집중력은 20초가 고작이라고 한다. 한 장난감을 만지고 놀다가 또 다른 걸 만지고 하는 게 절대 산만한 게 아니고 지극히 정상이라는 것이다. 다들 쓸데없는 걱정은 덜어두도록 하자. 아기가 인내가 없다고들 욕하지만, 어른들도 생각해보자. 하지 말라는 술 담배 끊지 못하고, 공부해야 한다 일해야 한다 하면서도 못하지 않는가? 아기들에게만 엄격하지 말자. 수신(修身)해야 제가(齊家)할 수 있는 법이다.

엄마의 핑거푸드 고군분투기
그리고 아빠의 급 반성문

    엄마는 요리를 참 잘한다. 자기 나름 다양한 재주를 갖고 있다고 생각하는 아빠가 질투를 느낄 정도. 웬만한 한식류는 대충 감으로 해도 내가 온 정성을 들인 것보다 낫다. 엄마가 말하는 아빠의 요리는 '지나치게 창의적이라 도무지 이해할 수 없는 것'이라던가….

    그런데 엄마는 요리하는 걸 싫어한다. 아니, 귀찮아 한다는 게 더 맞겠다. 특히 육아를 시작한 뒤로는 더더욱. 칼질하는 건 원래 싫어했고 사정이 사정인 만큼 요리란 불가능에 가까워졌다. 30분, 한 시간씩 부엌에서 뭔가를 한다는 게 말이 쉽지 진짜 어렵다. 설거지 젖병 닦을 시간과 체력도 부족한데 요리라니. 그래서 아빠는 VIP가 됐다.

배달의민족 VIP. 포인트 추가 적립되는 신용카드까지 만들었다. 요즘도 아빠는 오후 4시만 되면 엄마에게 기계처럼 묻는다. "저녁 뭐 먹지?"라고 쓰지만 사실은 "뭐 시켜먹지?"에 가까운 질문이다.

우리 엄마가 달라졌어요

그런데 엄마가 요즘은 요리를 한다. 우리가 쓰던 두툼한 식칼 대신 조그마한 과도를 들고 요것 저것 썰어대고, 데치고, 굽는다. 아빠 담당이던 마켓컬리, 쿠팡에서 장보기도 한다(물론 포인트 적립을 해야 하기 때문에 아이디는 아빠 것을 사용한다). 아빠보다 몇 배는 섬세한 선택이 자랑이다. 그럴 만도 한 게, 전부 아기가 먹을 것이기 때문이다.

아직 이도 나지 않았는데 아기는 죽 형태의 후기 이유식도 재미없다는 반응을 보인다. 매일처럼 앉아서 냠냠 쩝쩝 맛있게 식사를 하는 엄마 아빠를 지켜봤으니 그럴 만도 하다. 음식도 음식이지만 엄마가 떠먹여주는 것도 가끔 거부한다. 자기가 집어서, 자기 입으로 넣고, 잡잡잡 소리를 내면서 먹고 싶어 한다.

엄마가 요리조리 다듬어 데쳐서 내어준 방울양배추, 브로콜리, 두부를 야무지게 쥐어 먹는다, 고 전해졌다. 아빠는 회사에 있었으니 알 길이 없다. 물론 흘린 게 절반 이상이지만, 그래도 엄마가 보내주는 사진과 영상을 보면 신나는 모양. 하지만 엄마는 마냥 신날 수만은 없다. 여기저기 흩뿌려진 브로콜리 때문만은 아니다. 서툰 칼질과 불다루기에 손을 데이기도 하고, 과도로 듬성듬성 자르다 보니 손을 베일 뻔하기도 했단다. 핑거푸드 만들다 핑거를… 썩은 개그.

미안한 일만 가득

사실 분유만 먹던 시절, 아빠는 그 나름 자부심이 있었다. 아기의 먹는 습관과 패턴은 어떠한지, 어떤 자세로 어떤 각도로 아기에게 젖병을 물려야 하는지, 분유는 어떻게 타야 잘 녹는지 온도는 어떤지 등. 웬만한 엄마 못지않게 잘할 수 있다는 그런 생각이 있었다. 실제로도 그랬고.

그런데 어느 순간부터인가, 아, 그래, 이유식을 시작할 때부터였다. 아기의 식생활은 점점 엄마만의 일이 됐다. 이유식 브랜드를 고르고, 주문을 하고, 어떤 것을 얼마나 먹일지 선택하고, 텀은 어떠하며 분유 보충은 어떻게 해야 하는지… 아빠는 전혀 따라잡지 못했다. 대충은 알고 있었지만, 분유를 먹일 때의 자신감은 사라진 지 오래였다. 매번 '무엇을 언제 얼마나 먹여야 하는지'를 엄마에게 물어보기 시작했다. 엄마가 없을 때 아빠 혼자 이유식을 먹여야 할 때면 불안한 마음이 들었다.

핑거푸드는 더더욱 그렇다. 엄마가 모든 것을 결정하고 수행했다. 아빠는 양배추 하나 데쳐본 적이 없었다. 솔직히 이제는 겁이 날 정도다. 슬프다. 아니 반성하면서도 잘 되지 않는다는 생각이 들었다.

그러고 보니 엄마는 아기에게 가장 중요한 의, 식, 주(잠?)를 전담한다. 나름대로 열심히 함께하는 육아를 하자고 마음먹었지만, 나도 모르는 사이 엄마에게 많은 것을 미뤄온 것은 아닐까. 회사로 향하는 발걸음이 무거웠지만 그러면서 한편으로는 도피하던 것이 아닐까. 그런 생각에 이르자 민망하고 미안해진다.

하루하루는 너무 길지만 10개월은 눈 깜짝할 사이에 지났다. 하루하루를 조금 더 소중히 여기자. 엄마의 외로움을 조금이라도 덜어주자. 적어도 불평과 넋두리를 은근슬쩍 무시하거나 비루한 것으로 치부하지는 말자,라는 생각이 드는 10개월의 어떤 주말 밤(이라고 쓰면서 또 반성이 되네).

매일의 육아가 고통인 당신께

행복만 가득한 육아라는 게 있을 수가 없잖아요?

1년째 기록을 남겨 오면서 본의 아니게 일기가 아닌 후기가 되곤 한다.

글을 쓰고 있는 날짜는 5월 17일. 그림을 그린 것은 5월 초. 저 모습을 찍어둔 것은 4월 15일. 한 달이나 차이가 난다. 그날 즈음의 기억은 저 어드메로 사라졌다. 무척 힘들었던 것 같은데, 어렴풋해서 잘은 기억이 나질 않는다. 그때의 나에게 돌아가 "야 한 달 뒤면 기억도 나지 않을 힘듦이야. 신경 쓰지 마"라고 했다면 어땠을까? 아마도 '니가 뭘 알아' 한 소리 들었을 것 같다. 그런데 어쩌리. 한 달 만에 마음이 그리 바뀐 것을.

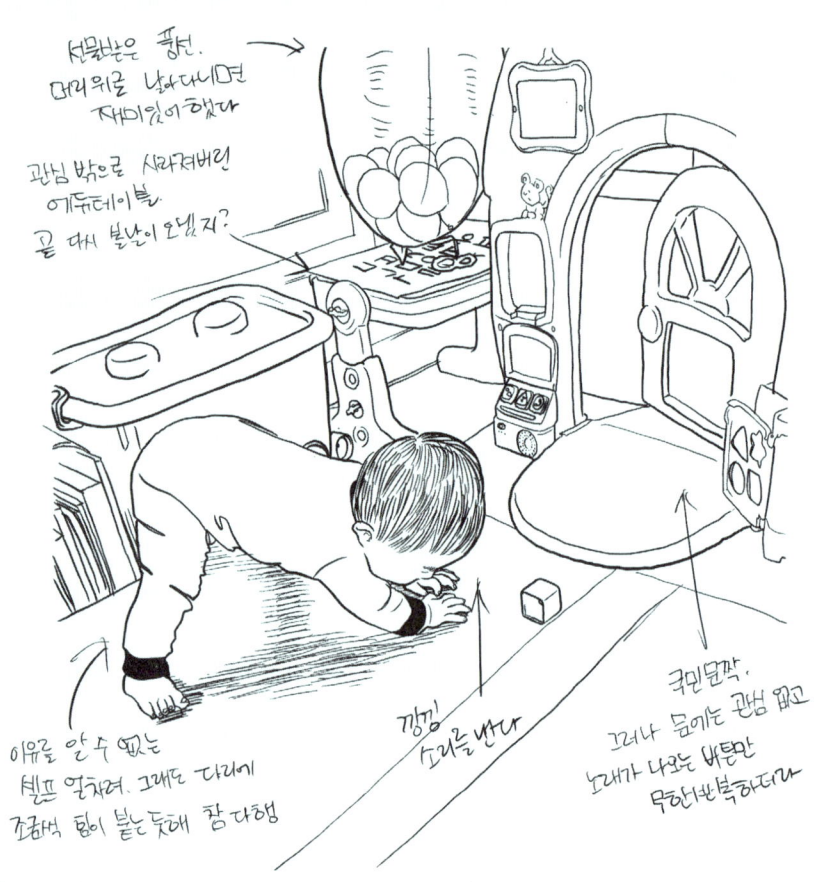

3부 견디기 쉽지 않을 걸, 아기 말고 너

행복만 가득할 리가 없잖아?

요즘 "아기를 키워보니 어떻냐"는 질문을 많이 받는다. 아직 아기를 갖지 않았거나, 곧 아기를 낳을 예정인 후배들에게서 많이 듣는다. 그때마다 나는 양손을 테이블 위로 스윽 들어 상대방의 눈높이로 올린다. 그리고 양손을 저울질하듯, 그러나 거의 차이가 없게 오르락내리락한다.

"행복은 이만큼, 스트레스도 이만큼."

51대 49 정도라는 거다. 물론 평균이 그렇다는 것이고, 어떤 날은 행복이 90인 날도 있다. 또 어떤 날은 불행이 90인 날도 있고. '행복' '고통' 두 개로 딱 나누기 힘든 마음, 솔직히 객관적으로 나를 바라보면 그렇다.

그런데 생각해보자. 세상 어떤 일이 행복한 순간만 있을까? 전쟁터 같은 곳에서도 가끔 행복한 순간은 찾아온다. 아기로 인해 얻은 것, 느끼는 것이 너무나 많지만 한편으로는 잃은 것도 많다. 어쩌겠는가? 세상에 대가가 없는 소득은 없다.

그래서 '아기야 너 때문에 하루하루 행복해. 내 인생에는 너뿐이야' 같은 글에 전혀 공감하지 못한다. 내 생각에는 이렇게 적어야 맞는다. '아기야 너 때문에 하루 걸러 하루씩 온탕과 냉탕을 오가. 엄마랑 단둘이 저녁 데이트한 게 언제인지 모르겠어. 그런데 또 너랑 같이 나가면 즐겁더라고. 일상은 어떠냐고? 완전히 새로운 인생을 살고는 있는데 내 인생 처음 느끼는 축복 같다가도 가끔은 현타가 오기도 한단다' 정도가 되겠다.

딸이 혹 나중에 이 글을 읽고 서운해 하더라도 어쩔 수 없다. 매일이 순전한 행복이었다면 거짓말이니까. 내 딸이 나중에 커서 SNS를 보며 '왜 남들은 하루하루 행복해 보이는데 나는 이 모양일까' 걱정하지 말면 좋겠다. 행복한 순간만 남는 찰나를 '항상'으로 오해할 필요는 없다. 한 장의 사진을 찍어 올리는 10분은 행복하겠지만 나머지 23시간 50분의 그 사람이 어떤지 우리로서는 알 길이 없다.

'사막 속 오아시스' 같은 기쁨의 순간

스트레스는 사막이다. 행복은 오아시스고.

한 달 전부터 많이 드는 생각이다. 스트레스는 도처에 깔려 있다. 빨래가 쌓여 있고, 아기가 새벽에 깨고, 엄마의 기분을 달래줄 수 없고, 야밤 혼술로 인한 숙취는 다음날 오전 내내 짜증을 유발한다.

그러나 아기의 웃음, 처음으로 잡고 선 순간, 또렷한 발음으로 엄마를 부른 순간, 거실에 쳐놓은 가드 틈새로 아빠와 눈이 마주쳤을 때 개구쟁이처럼 웃어줬던 순간, 엄마에게 폭 안겨 있던 순간, 아빠 입술을 손가락으로 퉁기면서 세상 즐거운 듯이 웃던 순간, 그 찰나의 순간이 긴 고통을 상쇄한다. 행복한 시간은 짧지만 나머지 고통의 시간을 충분히 지워줄 만큼 강렬하고 달콤한 것이다.

지금 이 순간 아기를 키우며 매일이 고통이라 생각하는 당신에게 감히 조언한다. 언젠가 오아시스가 온다. 물론 그 다음은 또 끝이 안 보이는 사막일 수도 있지만. 그러나 어쩌겠는가? 그냥 그런 것이다 해야 한다. 오죽하면 아동 심리학자인 신의진 교수가 넋두리하듯 책 『아이심리백과 0~1세편』에 적었을까. '3년만 죽었다 생각하라. 나도 이런 답밖에 할 수 없는 게 황당하다'고.

그러니 사실은 '행복'을 담은 다른 엄마들의 행복한 육아 SNS를 보며 부러워하거나 비아냥댈 필요가 없는 것이다. 그 분들도 사실은 짧은 행복을 기억하며 살아가는 나와 별 다를 바 없는 사람일 가능성이 크니까, 라고 생각하며 오늘도 위로를 한다.

아빠 매뉴얼 #3

엄마의 하루를 느껴보자

본격 엄마가 써서 아빠한테 준 기고문(?)

(이 글은 8개월 아기와 함께하는 처절한(?) 엄마의 시점에서 쓰여졌습니다.)

전문가들이 쓴 책을 보면, 이 사람들은 남의 말에 휘둘리지 말고, 아이를 믿고, 육아에 정답은 없으니 기본을 지키되 완벽하게 할 필요는 없으니 부담을 가지지 말라는데… 아니, 이런 '따뜻한 아이스아메리카노 주세요' 같은 말이 어디 있어!

한가지 예를 들어보겠다. 나는 이제 8개월이 된 아기 때문에 힘들다. 전문 서적 및 전문가들의 블로그를 미친듯이 검색하기 시작했다. 이 시기의 아기들은 렘수면이 짧고 잠을 자는 법을 모르니 루틴한 잠

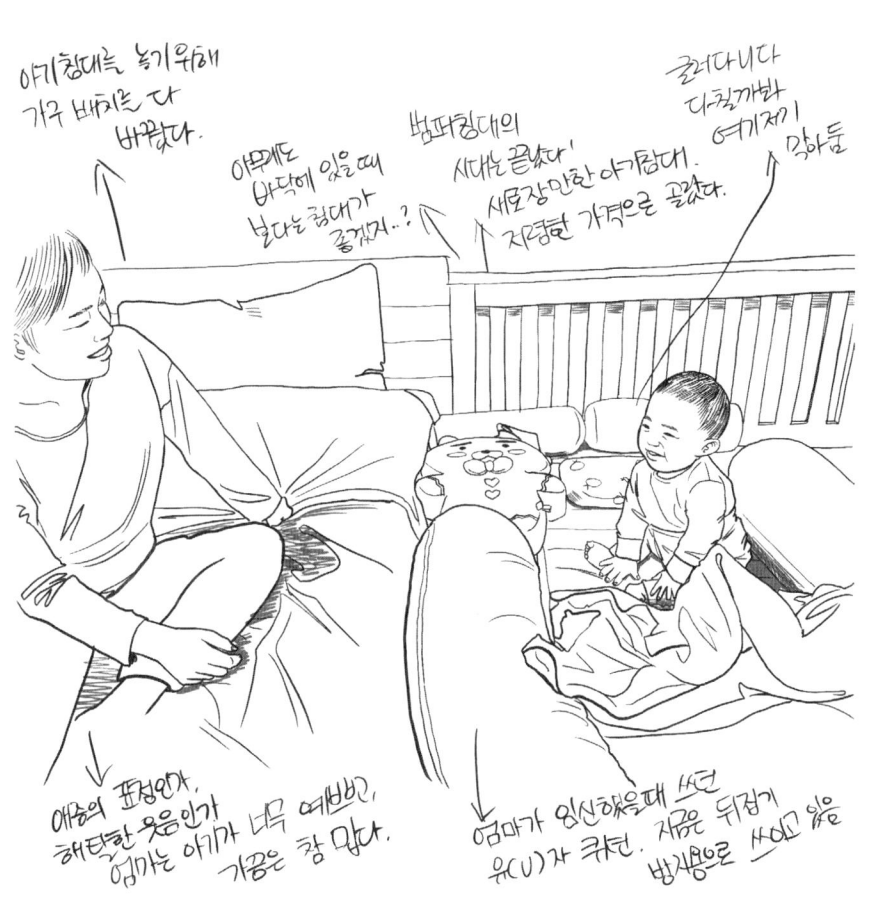

자리 의식을 갖게 해주고 인내심을 갖고… 고형식 준비를 위한 이유식을 시작할 때 숟가락을 갖고 싶어하고 장난을 치려고 할 수 있으니 인내심을 갖고… 분리불안이 오는 시기이니 칭얼대도 아이를 사랑으로 다독이고 인내심을 갖고… 더 이상의 말은 생략하련다.

그리고 적혀 있다.

'8개월 아기는 하루에 이유식을 두세 번 먹고 대변은 1, 2회 , 낮잠은 1시간 반 정도 두 차례 잡니다. 밤잠은 8, 9시에 자는 것이 좋습니다. 수면 주기가 짧기 때문에 새벽에 한두 번 깰 수 있으나 스스로 잠들게 다독여주세요.'

딸은 한 개도 안 지키는 게 없다. 근데 왜 나는 힘들까? 그리고 왜 또 맘카페를 찾는 것일까. 물론 육아책은 주절주절 쓸 수는 없으니 평균을 적는 것일 테다. 하지만 이 책만 보면, 모르는 사람들은 또 "이 정도면 순한 거야~ 잘 하고 있네"라고 하겠지. 위 몇 문장에 걸친 저 하루 일정을 제대로 한번 적어보겠다.

8개월 아기 '엄마'의 스케줄표

- 오후 8시 45분: 밤잠 시작.
- 오후 9시 20분: 30분 정도 지나면 살짝 깨기 때문에 그때 더 깊게 재워주고 나옴(시간 죽이기 텀이라서 무의미한 인터넷 서핑이나 SNS 기웃거림).

- 오후 10시: 밀린 집안일 남편과 함께 하고, 샤워, 머리 말리기.
- 오후 10시 30분: 남편과 얘기도 하고 슬슬 미드나 한편 볼까 했는데 아기가 비명을 지르면서 울기 시작.
- 오후 10시 40분: 5분 정도 기다리다 들어가 다독임. 아기는 다시 잠듦(3분 정도 걸림).
- 오후 11시~오전 12시: 개인시간(남편이랑 대화 좀 하다가 수면).
- 오전 1시: 아기가 뒤집다가 쿠션에 걸려서 낑낑거림. 다시 다독임. 아기는 바로 자고, 나는 잠에서 깨 한 10분 정도 있다가 선잠에 듦.
- 오전 2시: 아기가 또 뒤집고 혼자 잠들려고 노력하는데, 낑낑거려서 손잡아주니까 잠듦. 나는 또 10분 정도 뒤에 선잠 시작(이때부턴 뭐가 현실이고 꿈인지 구분이 안 간다. 온갖 비현실이 뒤섞인 장면들이 뇌에서 돌아가고 있어서 자도 자는게 아니다).
- 오전 3시: 아기가 뒤척이기 시작해서 잠에서 또 깸.
- 오전 3시 10분: 스스로 잠들게 기다리라고 해서 기다리는 중(당연히 잠은 못 잔다).
- 오전 3시 20분: 스스로 잠을 못 자는 거 같아서 몰래 실눈 뜨고 지켜봄(눈 마주치면 아기가 깨니까… 이미 슬프네).

- 오전 3시 30분: 뭔가 계속 옆치락뒤치락하는데 못 자고 있어서 손을 잡아주고 토닥임.
- 오전 3시 45분: 힘으로 엄마를 뿌리치고 우주의 지령을 받아 무한 구르기 시작→ 본인도 왜 하는지 모르겠는지 찡찡거림 → 다시 재우기 시작 → 자려고 하지만 또 우주의 지령 시작되면서 위의 상황 무한반복.
- 오전 4시 30분: 재우다가 잔뜩 예민해져 아이에게 계속 화를 내는 나 때문에 남편과 신경전 시작. 아기 딸꾹질 함. 나는 물을 먹여야겠고 남편은 그냥 지금 졸기 시작했으니 놔두라고 하지만, 고집부리고 물 먹임. 물 먹고 딸꾹질 멈추고 한결 숨이 무거워짐. 그러나 우주의 지령을 또 받아서 움직이려고 함. 남편의 더 큰 손과 힘으로 우주와 교신 실패. 아기 잠듦(나는 아기가 잠들 때까지 가시방석에 앉은 기분이라 못 자고 허공만 노려봄).
- 오전 5시: 나는 겨우 다시 잠에 들었다.
- 오전 6시? : 시간은 사실 잘 모르겠지만 남편 출근 알람소리에 깼다. 아기는 잘 자고 있다.

여기까지가 일과 그래프 상으로는 '전날 오후 8시 45분에 잠들어서 다음날 오전 8시까지 수면' 한 줄이 된다. 중간에 한시간 반만 하얇게 비우면 된다.

그리고, 다음날

- 오전 8시: "아아오오우우 아빠바바바바 맘마 음마음마 아빠 아빠바바바음마"가 들리기 시작. 모른 척했지만 이미 잠은 깸. 어떻게든 밍기적거렸다. 아기가 안 우니까 일단 놔둔다.
- 오전 8시 45분: 첫 수유(분유를 타러 비몽사몽인 몸을 침대에서 일으켜 젖병에 물을 붓는데 머리가 너무 아프고 눈이 침침해서 눈금이 잘 안보임. 물을 부었다 버렸다 하면서 겨우 분유 탐).
- 오전 8시 50분: 그새 아기가 뒤집어 있는데 냄새가 나길래 보니 똥쌈… 이미 젖병을 봐서 흥분했는데 내가 안 주니까 배고프다고 울고 불고 난리. 일단 새 기저귀랑 물티슈 침대로 던지고 젖병부터 물림. 아기는 먹고 나는 똥기저귀를 갈기 시작함.

이게 간단하게 '첫 수유'로 기록된다.

기저귀 갈려고 하는데 두 다리를 번쩍 들고 휘두르며 가만히 안 있고 발가락으로 내 무릎을 엄청 꼬집고 찍는다. 아프다. 그 상태로 옆으로 누우려고 해서 두 다리를 꽉 잡는다. 다리를 미친듯이 흔든다. 기저귀 갈고 바지를 입히려고 하는데 다리를 계속 뺀다. 한쪽을 넣으면 다른 쪽을 빼고 두 다리를 한꺼번에 입히려고 하니 허리를 비튼다…. 우주와의 교신이 또 시작됐나 보다. 그럼 이제 여기까지 일정이 그냥 한 줄로 요약된다. 바로 이렇게.

- 오전 8시 50분: 대변.

아직 끝이 아니다. 이제부터 '분리불안'이라고 몇 줄로 요약하는 오후 일과다.

- 오후 내내: 장난감 갖고 놀다 자꾸 뒤를 돌아보며 엄마 있나 확인. 없으면 징징대거나 장난감에 집중 안 함 . 장난감 집중 안 하면 내가 더 힘드니까 화장실 대충 다녀오고 아기 뒤에 앉아 있음. 몇 번 말 걸고 놀아준다. 10분 정도 지나면 노잼. 정말 어제도 엊그제도 일주일 전에도… 늘 보던 장난감과 기능이라 새로울 게 없는데 또 설명하고 재밌는 척 해야 한다. 일단 아기는 너무 못 논다. 손가락 근육도 팔도 아직 제대로 못 쓴다.

7, 8개월 아기들이 그렇다. 디테일한 동작은 당연히 힘들고 운동기능을 담당하는 뇌가 저 위에 어떤 분과 이제 막 교신을 시작하고 있기 때문에… 보고 있다 보면 정말 재미가 없어도 너무 없다. 그래도 조금씩 나아지고 발전하는 게 보여 기특하고 귀엽긴 하나 그 생각이 3시간 내내 가진 않는다는 거 다 알잖아?

(가끔 인터넷 커뮤니티를 보다 보면 진짜 열 받는 댓글이 많다. 다 그런 건 아니겠지만 특히 육아 관련 콘텐츠에 마치 어린아이처럼 달아놓은 얼척 없는 댓글들 말이다. 모성만 신성시하는 내용은 정말….

엄마들이 육아를 '노잼'이라고 말하면 안 된다고? 아이와 있는 시간이 행복하기만 할 줄 아냐고 멱살 잡고 흔들고 싶네.)

여기까지 쓰다 보니 기가 빨려서 더 못쓰겠다. 낮잠 재우고 다른 방 구석에 홀로 앉아 꾸역꾸역 햄버거를 먹다 보니 더 우울해질 것만 같아 시작한 글이었는데 나름 해결책이 되긴 하네… 차분해진 마음이다.

> **아빠의 한 줄 독후감**: 이 글을 쓴 날 엄마는 그날 햄버거가 얹혔는지 마구 목말라하다가 늦게 잠이 들었다. 글을 보고 마음이 헛헛해진 아빠는 엄마 대신 아기 밤잠 관리를 했다고 전해졌다. 엄마 파이팅!

D+890 미래의 딸에게 쓰는 편지

사랑하는 솔이에게

솔아, 이 글을 각잡고 읽을 때가 언제일지 아빠는 모르겠다. 이제 갓 돌을 앞둔 네가 지금은 어떤 모습이 되었을까, 상상조차 되지 않는다. 다른 아기들보다 음악을 좋아하고 말하는 걸 좋아했던 것만큼 누구보다 씩씩하고 쾌활할 것이라고 믿어 본다.

이 책 마지막을 생각하며 항상 뭐라고 말해줘야 할지 머릿속에 생각하곤 했는데, 막상 자리에 앉으니 무슨 말을 해줘야 할지 고민이다. 단지 엄마도 아빠도 완벽하지 않은 사람이었지만, 너는 누구보다 구김 없고 맑게 키우고 싶었어. 혹시나 지금 네 마음 속에 안타까움

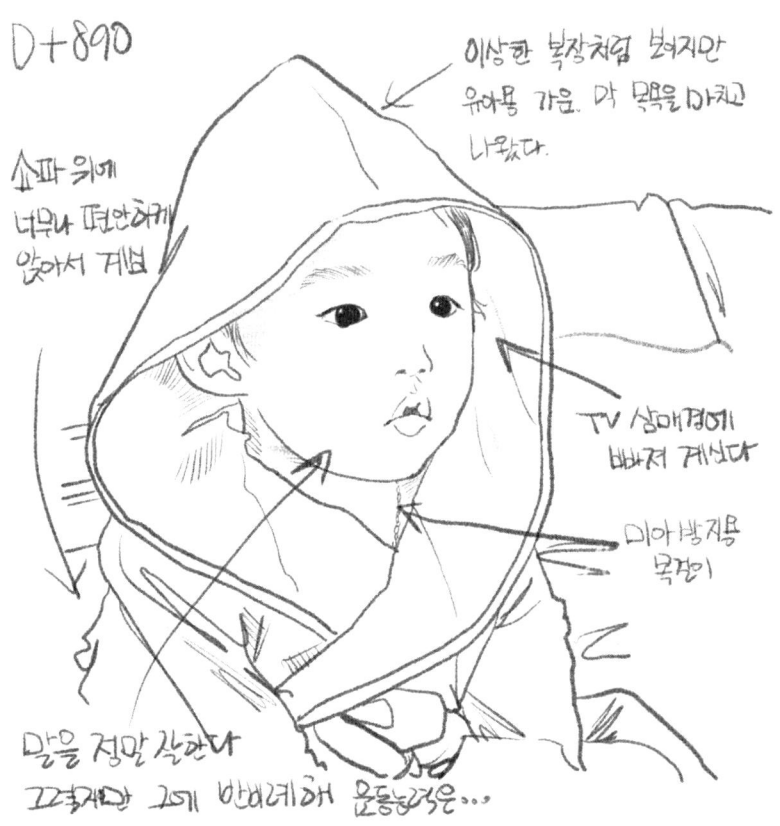

이나 원망이 있거든 작은 용서를 구하고 싶다.

솔아, 아빠가 제일 무서워하는 건 바로 죽음이야. 얼마나 무섭니? 내가 없어도 세상은 돌아가고, 즐거운 미래도 불행한 미래도 나와는 아무 상관없는 일이 된다니 말이야.

그런데 신기하게도 너를 보면서 처음으로 죽는다는 게 무섭지 않아졌어. 이유는 솔직히 잘 모르겠지만. 그만큼 너는 나에게 크고 결정적인 존재란다.

말과 글로 밥 벌어먹고 있지만 정작 마음을 표현하기에는 부족하기만 하구나. 항상 건강하고 행복하길 바래. 열 살이든, 스무 살이든, 환갑을 앞두고 있든 상관 없이 이 책을 보면서 한 번이라도 피식 웃으면 좋겠다.

- 2021년 11월 1일, 아빠가

아내의 독후감

책을 읽고 나서 옛 기억이 새록새록 떠오른다. 아이가 크는 속도는 빠르고 그만큼 또 새로운 난관에 부닥친다. 당시 답답했던 점을 과학적 근거를 대며 설명해줘서 속이 시원하다. '~카더라'로는 해결되지 않는다. 육아는 구전되어야 하는 영역이 아니라고 생각한다.

남편의 육아일기가 더 많아져야 한다. 아내의 수고를 어루만져 주는 다정한 정신과의사 같은, 훌륭한 돌봄 요리사 같은 시각도 좋지만, '뭐야 남자들이 이렇게 힘들어? 아니, 이런 생각을 했다고?' 하는, 상대방 처지에서 조금 반발심을 일으키는 육아일기도 좋다. 이야기가 풍성해질수록, 사례가 많아질수록 다수가 살펴보는 커다란 풍선 같은 주제가 된다. 그래야 서로의 처지를 이해할 수 있는 일말의 자료라도 된다.

이 글을 쓰는 나는 여전히 하루에 한두 번은 '내가 더 힘들다'고 생각한다. 그러나 절대 입 밖으로 뱉지 않는다. 바로 그 뒤에 '나만 힘들 리가 없지'라는 생각이 들어서. 복직하고 나서 남편 처지를 더 잘 이해하게 됐다. 퇴근길에 약간 심장이 뛰는 불안감. 아기와 둘만 있을 때의 불안감(정말 망치면 안 되는 프로젝트를 팀원 없이 나 혼자 맡았을 때의 기분이다). 어제도 늦은 새벽 퇴근한 남편, 아무렇게나 걸려있던 그의 옷이 툭 떨어지기에 발로 차 버렸다… 이 정도의 화풀이는 이해하겠지.

일하느라, 육아하느라 바쁜 와중에도 책을 냈다는 게 대견하고 자랑스럽다. 조금 부럽기도 하다. 감상 끝!

매일 행복했다면 거짓말이지
−MZ 아빠의 '행복51+고통49' 그림육아일기

초판 1쇄 2021년 11월 12일

지은이 권기범
편집 임유정
디자인 장승식
삽화 권기범
감수 정현경

펴낸 곳 해요미디어
출판등록 2019년 10월 24일 제 2019−000089호

전화 0505−043−7385
팩스 0505−043−7386
이메일 talbabo26@gmail.com
블로그 blog.naver.com/softrocker

ⓒ 권기범 2021
ISBN 979−11−968640−3−3 (03590)

값 15000원

※ 이 책에 실린 글과 이미지의 무단 전재나 복제를 금합니다.
※ '따뜻한 정의'를 지향하는 해요미디어는 백범 김구 선생이 염원한 대로
  우리나라가 '높은 문화의 힘'을 갖추는 데 이바지하겠습니다.

매 일 행 복 했 다 면 **거 짓 말** 이 지

매 일 행복했다면 거짓말이지